医療経営士テキスト 必修シリーズ 4

インバウンド時代を迎え撃つ
医療の国際化と外国人患者の受入れ戦略

真野 俊樹
中央大学大学院戦略経営研究科 教授
多摩大学大学院 特任教授

日本医療企画

まえがき

　最近の世の中の変化で非常に顕著なものは、外国人に出会う機会が増えたことではないだろうか。東京でも地方でも様々なところで外国人に出会う。

　2017年の外国人の訪日旅行者は2,800万人を超え、政府は2020年までに訪日外国人を4,000万人に増やす目標を立てている。世界一観光客が多い国はフランス、2番目はアメリカである。アメリカは国土が広いので単純に日本とは比較できないが、フランスで起きていることを日本で起こそうと、あるいは起きたとしても不思議はあるまい。つまり新興国だけではなくて、先進国でも訪日の外国人は増えるのである。

　ここで訪日の外国人というのは、外国人の旅行者だけではない。日本で働く外国人も増えている。実はこの話は2008年あるいは2009年頃から医療ツーリズムという形で話題になったことがある。つまり医療を目的に外国人が日本を訪れ、進んだ日本の医療あるいは検診などを受けて帰国するという話である。当時はいろいろな政策的な軋轢もありあいまいになったが、現在も日本には明確な統計がないので医療ツーリズム自体が伸びているのかどうかわからない。

　とはいえ、世界の流れ（この場合にはグローバル化による、人の流動化）は避けられない。訪日の外国人が増えるに伴い、観光庁の統計では約4％が医療を必要とする状況になるという話もあり、実際に病院やクリニックを受診するかどうかは別にして、百万人単位で医療を必要とする人が新たに発生する状況にある。

一方こうした人たちは日本語を喋れない、日本の医療制度も知らない。そのため病院あるいはクリニックで軋轢が起きているのもまた事実である。しかも最初に外国人に出会うのは医療者ではなく事務方である

本書では主に病院の話にはなるが、厚生労働省が推進事業を行う JMIP（外国人患者受入れ医療機関認証制度）に主眼を当て、病院、場合によってはクリニックの事務の方にも役に立つような書籍として企画された。

本書の構成は、第 1 章で「医療の国際化の流れと JCI の普及と JMIP の誕生の流れ」について私（真野）が執筆し、第 2 章と第 3 章では「JMIP 取得のコツと外国人患者対応のための整備の仕方」の解説を、実際に JMIP 制度の認証を行う日本医療教育財団にお願いした。そして、JMIP 制度も 8 年を迎え認証病院も 55 病院（2019 年 2 月現在）になったため、第 4 章では「今までのデータと医療の国際化で今後予想されること」として再び真野が言及し、最後の第 5 章では「病院の事例」として、JMIP の認証を受けた様々な規模の 5 病院に受審の背景、外国人受入れの状況等をご執筆いただいた。

ご協力をいただいた皆様に感謝するとともに、多くの皆様の愛読を期待したい。

2019 年 3 月吉日
真野俊樹

まえがき……2

第1章
医療の国際化の流れとJCIの普及とJMIPの誕生

1 グローバル化とは何か……8
2 日本の医療レベル……13
3 高水準の医療を支える日本の医師……17
4 国際化に医療の産業的視点を導入……19
5 安倍政権のヘルスケア戦略：国際交流と健康寿命の延伸……22
6 アベノミクスと外国人の増加……26
7 JCIの展開……28
8 JCIの認証の構造……31
9 医療とインバウンドの最近の傾向と課題……33
10 日本の病院の外国人対応の現状と地域の活性化……36

第2章
JMIPの概要と現状

1 JMIPとは何か……42
2 JMIPの受審による効果とJMIPの現状……56

第3章
外国人患者受入れのための体制整備の方法

1 外国人患者受入れ体制整備の第一歩……64
2 言語対応方法のマニュアル化……68
3 院内表示の多言語化……79

- 4 ホームページの多言語化……85
- 5 各種医療文書の整備……87
- 6 外国人患者受入れに伴うリスク回避策……96
- 7 宗教・習慣に関する配慮……110
- 8 災害時・緊急時の対応……115
- 9 外国人患者受入れ担当部署または担当者の設置について……117
- 10 院内全体での情報共有……120
- 11 地域社会との連携体制……122
- 12 外国人患者受入れ体制整備の歴史的意義とは（3章のまとめに代えて）……123

第4章
今までのデータと医療の国際化で今後予想されること

- 1 結果データでみるJMIP評価項目……126
- 2 医療の国際化は進展するのか……133
- 3 医療の国際化で今後予想されること……136
- 4 日本として気をつけなければならないこと……139

第5章
事例に見るJMIP認証病院の取り組み

- 事例1 東京都立広尾病院……142
- 事例2 医療法人偕行会 名古屋共立病院……150
- 事例3 医療法人沖縄徳洲会 南部徳洲会病院……157
- 事例4 岡山大学病院……163
- 事例5 医療法人真生会 真生会富山病院……171

本文デザイン・DTP：株式会社明昌堂

第 1 章
医療の国際化の流れと
JCI の普及と JMIP の誕生

1 グローバル化とは何か

　なぜ日本にこんなに外国人が増えたのであろうか。このような現象をグローバル化あるいはグローバリゼーションという。いきなり、堅い話で恐縮だが、グローバル化あるいはグローバリゼーションとは「これまでの国家や地域などの境界を越えて、地球規模で複数の社会とその構成要素の間での結びつきが強くなることに伴う社会における変化やその過程」と定義される。

　社会のグローバル化あるいは流動化は下記の順で起きる。①"情報"、②"資本（お金）"、③"人（旅行者〈健常者〉、労働者、患者）"の順である。

(1) 情報のグローバル化

　AmazonやGoogleといった企業が最高の利益を上げる時代になった。私もFacebookを使っているし、こういったいわゆるプラットフォーマーと言われる企業の恩恵に預かっていない人はいないであろう。このような状況になるとインターネットの利用頻度も増し、情報は世界を飛びかう。情報のグローバル化は言うまでもないことである。

　インターネットを中心に、情報がグローバルに伝わることは今では論を俟たない。そして、医療情報が国を越えて伝わることが、患者の流動化につながっていることも重要である。

　医療においても例外ではなく、医療情報が瞬時に国を越えて伝わる時代である。そのために海外の医療状況がわかり、そこに優れた医療があれば、別の国であってもわざわざ国境を越え

て医療を受けたいという人が現れる。いわゆる医療ツーリズムの動きである。ただ、「国境を超える」と言うと大げさであるが、最近の医療情報の透明化に伴い、例えば埼玉や千葉の患者が東京に治療を受けに行くことが多いといった事実が示されている。これもある意味では、医療ツーリズムなのであり、患者がよい医療を受けに行くことは、昔からあることでそんなに特殊なことではない。むしろ、情報時代になりその動きが加速したことこそが特筆すべきことであろう。

(2) 資本のグローバル化

資本（お金）の場合にもグローバル化が進んでいる。特に最近では電子マネーの進歩、最近の言い方で言えばキャッシュレス化によって、資本のグローバル化は拍車がかかっている。例えば、日本から米国の株式を購入することも容易になっているし、海外への送金もインターネットバンキングで行える。中国の人が、日本で購入する時に使うアリペイや We Chat Pay も資本のグローバル化の例である。

むしろ、**図表 1-1** に示すように、日本はキャッシュレス決済の比率が低く、後述するような外国人対応にも遅れを取っているといえる。

(3) 人のグローバル化

同じように、人のグローバル化も進んでいる。まさに、観光客（訪日外国人）や在日外国人の数は、**図表 1-2**、**図表 1-3** に示すように急速に増加している。これは、先に述べたように、情報や資本がグローバル化したために、様々な意味で魅力的な国である日本を訪れる人が増加したと考えられる。

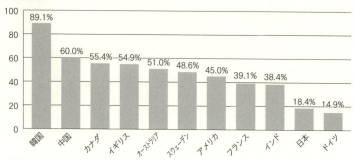

図表 1-1 キャッシュレス決済の比率

(出典) 世界銀行「Household final consumption expenditure (2015年)」及びBIS「Redbook Statistics (2015年)」の非現金手段による年間決済金額から算出
※中国に関してはBetter Than Cash Allianceのレポートより参考値として記載
出典:経済産業省平成30年キャッシュレスビジョン

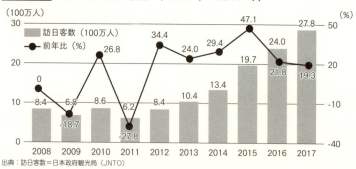

図表 1-2 訪日外国人数の推移 (2008年〜2017年)

出典:訪日客数=日本政府観光局 (JNTO)

　そして、これが、日本の医療に対する黒船になっており、その対応策が考えられているというのが、本書でこれから述べる話である。

(4) 消費のグローバル化の先にある究極の価値

　旧来は経済発展および技術の進歩に合わせるように、消費者

図表 1-3　在日外国人（登録外国人の推移）

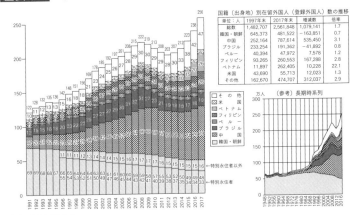

（注）中国には台湾を含む
出典：法務省「在留外国人統計（旧登録外国人統計）」

が欲しいものが次々に現れた。かつての日本であれば、1950年代後半に、白黒テレビ・洗濯機・冷蔵庫の家電3品目が「三種の神器」と呼ばれ、1968年頃の3Ｃ（カー（自動車）、クーラー（ルームクーラー）、カラーテレビ）のトリオがそれであった。これらは日本人にとって憧れの存在だった。

ところが、現在の新興国の富裕層はたとえ国が貧しくても、それらをすべて購入できる環境にある。

ここで、医療や健康の役割を考えてみよう。

中国の古代皇帝は不老不死を求めた。徐福伝説というものがある。時は紀元前219年、秦の始皇帝の時代に「童男童女500人を含め総勢3,000人の集団を引き連れ、仙人と不老不死の仙薬を求めて中国大陸から東方の桃源郷日本へ旅立った一団がいた。それを先導したのが秦の始皇帝からその命を受けた徐福であった…」というものである。

すべての権力を握った人間の究極的にほしいものが健康なのである。
　すべての人がほしいものも健康である。
　究極という意味は2つあるのだ、最高権力者でもほしいし、一般の庶民でもほしいものなのである。その意味では、差異がない。
　医療は究極に人が求めるものである。先進国の国民や新興国の富裕層にとっては、健康への不安や疾患を持たない生活が究極的に人類が求めるものであるために、薬剤や医療機器、医療技術の研究が進み高度化が進んだ。
　そして今、海外にある優れた医療を求めるようになったのが医療ツーリズムであるし、さらに海外にある非日常の体験を求めるのが観光であり、観光を安全に行うために医療の役割がある。

2 日本の医療レベル

　国ごとの医療レベルをどのような指標でとらえるかについては、当然様々な見方がある。そうしたなかで「がんの5年生存率」に注目すると、日本は大腸がんの5年生存率が世界一で、まずこのデータについて詳しく見てみよう。

　この調査はOECD（経済協力開発機構）が加盟国における大腸がんの5年生存率（2004～2009年）を調べたもので、日本は68％で1位であった。主要国に注目すると、アメリカ5位（64.5％）、カナダ6位（63.4％）、ドイツ13位（60.4％）、イギリス18位（53.3％）となっており、加盟国の平均は59.9％である。

　一般に医療ではその国で症例数の多い病気ほど好成績を残す傾向があるが、これは大腸がんの手術をたくさん手がけてきた外科医が、その手術を得意とするのと同じである。

　日本では確かに大腸がんが多い。ただし、大腸がんが急速に増えたのは比較的近年のことで、特に女性の増加が目立っており、その背景として食生活の欧風化が指摘されている。伝統的に日本に多いのは胃がんであり、その罹患率は近年鈍化傾向にあるのに対し、大腸がんと肺がんのそれは高い増加率を続けている。

　このことから注目すべきは、日本ではもともと胃がんほど多くなかった大腸がんでも、世界一の5年生存率を誇っているという事実である。

　胃がんの場合、もともと東アジアに多く、欧米には多くない。

そのため日本が欧米に比べて胃がんの医療成績が良好なのは、いわば当然で、それをもって日本は医療レベルが欧米よりも高いぞと胸を張るのは、少々憚られるかもしれない。しかし、大腸がんはそうではない。それ以外のがんの5年生存率は、どうであろうか。

世界67か国、2,500万人以上のがん患者の5年生存率を調査した国際共同研究「CONCORD‐2」(1995〜2009年)によると、日本は肺がんでも5年生存率30.1%でトップである。なお、アメリカは18.7%、イギリスは9.6%である。

さらに、ふたたびOECDの調査に戻って、乳がんの5年生存率をみると、日本はアメリカに次いで2位の87.3%、子宮頸がんも4位の70.2%と、これらも健闘している。

数あるがん手術のなかでもきわめて難度の高いものに膵頭十二指腸切除術という、膵臓がんの手術があるが、日本はこの手術の成績がよく、慶應義塾大学医学部医療政策・管理学教室の宮田裕章教授のデータを示すと手術の死亡率は1.52%。ちなみにアメリカは2.57%なので、日本はこの難しい手術において、アメリカよりも2倍近く安全性が高いことになる。

膵頭十二指腸切除術については、多くの臓器を取るリスクから批判もあり、アメリカでは日本ほど行われていない。日本の外科医はともすると切りたがるという指摘があり、実際、その傾向があるのは確かだが、どうあれ、日本はこの難易度の高い手術で高い成功率を誇っており、それは日本の医療水準の高さを示すものと言えそうである。

糖尿病とも関係の深い人工透析治療でも、日本は世界で非常に高いレベルであることがわかっている。

透析患者の治療方法と予後についての国際調査「DOPPS」

によると、透析患者の1年間の粗死亡率（1997〜2001年）は、アメリカ21.7%、ヨーロッパ15.6%に対して、日本は6.6%である。アメリカの3分の1以下、ヨーロッパと比べても半分以下なのだ。

この良好な結果をもたらしている要因は、ひと言でいえば日本的なきめ細やかさであろう。透析では腎臓のかわりに血液を濾過するダイアライザーという装置が用いられるが、その濾過に使う膜は、日本では一回ごとに交換される。しかし、アメリカなどでは高額費用を払うことのできる一部の富裕層を除いては、膜が使い回しされることが多く、こうした違いが透析患者の予後を大きく左右していると思われる。

日本の医療制度は国民皆保険に象徴されるように末端まで漏れなくカバーしようとする扶助精神が強いが、近年、これを見習おうとする他国の動きも出ている。日本の「母子健康手帳」が海外で注目され、導入する国が増えているのはその表れであろう。

日本の乳児死亡率は2.1（乳児1,000人当たりの数）で、これは世界で最も低い水準である。このような乳児の高い安全性を実現するうえで、母子健康手帳が果たした役割は大きいと言えよう。母子健康手帳は終戦まもない昭和23年（1948年）に日本独自のものとして始まっており、すでに70年以上の歴史をもっている。

この日本の取り組みにならって同様の手帳を導入した国は、韓国、タイ、アメリカ・ユタ州、チュニジア、コートジボワール、インドネシアなどで、そのほかに導入を検討している国も多い。日本で生まれた母子健康のための制度が世界に広がりをみせているのは、おおいに誇ってよいことだと思う。

図表 1-4 Health Indicators

	Life expectancy	Self-reported health status	Premature mortality	Mortality due to cancer	Mortality due to circulatory diseases	Mortality due to respiratory diseases	Mortality due to diabetes	Mortality due to musculo-skeletal system diseases	Mortality due to mental disorders	Infant mortality	Mortality due to medical misadventures
Australia	B	A	A	A	A	A	B	C	B	B	D
Austria	C	A	B	B	D	A	D	A	A	B	D
Belgium	C	A	B	B	C	D	A	B	C	A	n.a.
Canada	B	A	A	C	A	B	C	B	B	C	B
Denmark	D	A	B	D	D	A	C	D	D	A	A
Finland	C	B	B	A	D	C	A	D	D	A	A
France	B	B	A	B	A	A	A	C	A	B	C
Germany	C	A	A	C	D	D	B	A	B	A	C
Ireland	C	A	B	C	D	A	B	D	B	A	C
Italy	A	B	A	B	B	A	C	B	A	B	A
Japan	A	D	A	A	A	C	A	A	A	A	A
Netherlands	B	A	A	D	B	C	B	C	D	B	A
Norway	B	A	A	B	B	A	A	B	C	B	A
Sweden	B	A	A	A	C	A	B	B	C	A	A
Switzerland	A	A	A	A	B	A	A	A	C	B	n.a.
U.K.	C	A	B	C	C	D	A	D	C	C	B
U.S.	D	A	D	B	C	D	C	C	C	D	B

Note: Data for the most recent year available were used. For details on data sources, see the Methodology section of this website.
Source: The Conference Board of Canada.

出典：http://www.conferenceboard.ca/hcp/details/health.aspx
カナダの"カンファレンスボード"というシンクタンクによる国際比較でも日本はTopである

3 高水準の医療を支える日本の医師

 ここで、日本の高水準の医療を支えている日本の医師について考えてみよう。

 よく日本人は器用だといわれ、述べてきたような手術の高い成功率にも表れているが、それはなによりも日本の外科医が自負するところでもある。特に名医といわれる外科医は、自分たちは欧米の医師には絶対に負けない、彼らよりも自分のほうが絶対に手術がうまいという意識が強い。

 その自信の裏づけをなしているものは、手先の器用さだけではない。私が名医と呼ばれる人たちと接して感じるのは、武士道の探求者とでもいいたくなるような、手術に対する凛とした姿勢である。例えば手術を翌日にひかえた晩は、お酒を飲まず、日ごろから体調を崩さないように自己管理を怠らない。また、外科医にとって目は命であるため、視力が落ちないように遠くを眺めるなどして、日々訓練を欠かさない人もいる。

 そして、手術前には頭の中で何通りものシミュレーションを行う。がんの場合、レントゲンやCTなどで事前にある程度のことはわかっているものの、実際にがん細胞がどこにどう浸潤しているかは、切開してみないとわからない。そのため、様々なケースを想定して、この場合はこうと、こうなっていたらああしようと、事前に手術のシミュレーションを行う。

 これに対して、アメリカやヨーロッパの医師はいかにも職業的である。がんの手術にしても、個々の患者のケースごとに細かく検討したりしない。過去のデータに基づいて、こういう場

合はこうやればよいと、日本人からすると、言葉はよくないけれども、その進め方は機械的にみえる。

　逆に日本はその都度ケースバイケースで対応するため、データをあまり重視してこなかったことは否めない。日本は個々の医師の技量は高く、患者ごとにていねいに対応するものの、それをデータとして蓄積して今後の医療に生かすという発想があまりなかったわけだ。日本とアメリカやヨーロッパの医療では、そうした違いもある。

　このような理由で日本の医療レベルは高い。そして、それをどう活用するかという視点が生まれてきた。

4 国際化に医療の産業的視点を導入

　自由民主党の麻生太郎氏が第92代内閣総理大臣在任中、海外で医療ツーリズムというものが流行っている、という情報が入った。これには、拙著『グローバル化する医療：メディカルツーリズムとは何か』（岩波書店：2009年7月）も多少影響があったのではないかと自負しているが、要するにアジア新興国の新たなビジネスとして医療ツーリズムというものがあるということがわかったのである。この考え方は、ほどなく2009年8月に政権を奪取した民主党にも受け継がれた。

　すなわち、医療を求めて患者が移動する現象が現場で起きているということを反映し、同じことを日本で行おうと考え、当初は医療ツーリズム（医療観光）中心の政策になった。

　医療ツーリズムについて言えば、2007年には年間300万人の外国人患者がアジア地域を訪れるまでに市場が成長した。医療を求めて、旅行をするという現象は以前からみられるが、1997年のアジア通貨危機以降、アジア諸国では外貨獲得のためのサービス産業発展のために、その一環として医療と観光を連携させた医療ツーリズムという新しい形態を促進し始めたというわけだ。

　そして日本でも、民主党政権時の2009年12月に閣議決定された政府の「新成長戦略（基本方針）」に盛り込まれて、以降自民党政権でも継続的に国家戦略の一つとされている。

　日本においては、日本医師会の反対、厚生労働省の中立的立場（医療交流なら行う）があり、一部地域での盛り上がりは

あったが、東日本大震災もあり急速に熱が冷えてしまった。

しかし、世界的に見て、医療を目的にするかどうかは別にして、人の流動化はとどまるところを知らない。LCC（Low Cost Carrier）の普及もこれを助長した。そして、オリンピックの誘致に成功した日本もこの波に乗ろうと、観光に力を入れだした（**図表1-5**）。

ここで、安倍政権における医療の国際化について少し考えてみたい。安倍政権では、日本再興戦略におけるヘルスケア戦略として医療交流と健康寿命の延伸、また、新たに医療を海外に輸出しようというアウトバウンドの重視を行っている。安倍政権も、いわゆる「第三の矢」の重要項目に医療分野やその予防分野として健康産業を位置づけているのだ。

このような状況を受けて、安倍政権の肝いりで2011年に一

図表1-5 「日本再興戦略2016」平成28年6月2日閣議決定（抜粋）

Ⅰ 新たな有望成長市場の創出、ローカルアベノミクスの深化等

> 4．観光立国の実現
> （2）新たに講ずべき具体的施策
> ⅲ）すべての旅行者が、ストレスなく快適に観光を満喫できる環境に
> ⑧急患等にも十分対応できる外国人患者受入体制の充実
> 外国人が安心・安全に日本の医療サービスを受けられる体制を充実するため、医療通訳・医療コーディネーターの配置支援、院内資料の多言語化等の支援、外国人患者受入れ医療機関認証制度（JMIP）の認証病院の拡大を通じて、2020年までに、訪日外国人が特に多い地域を中心に、受入対応なども含めた**「外国人患者受入れ体制が整備された医療機関」**を、現在の約5倍にあたる**100箇所で整備することを目標**に、まずは**本年度までに40か所程度**へ拡大する

般社団法人 MEJ（Medical Excellence JAPAN）といった組織ができ、日本病院会の元会長である山本修三氏が理事長に就任した。これは、医療機器と医療サービスをセットで輸出していこうというものである。こうした動きに日本の医療機器会社も50社以上が賛同している。日本の医療機器会社は、これまで日本の市場が大きかったために海外進出に遅れをとっていたが、それを何とか取り返したいという狙いもあった。

5 安倍政権のヘルスケア戦略：国際交流と健康寿命の延伸

　安倍政権の日本再興戦略、いわゆる「第三の矢」には医療分野がある。医療が成長分野であること自体は疑いの余地がない。特にアジア諸国においてはヘルスケア、バイオなどについては、ビジネスとして力を入れている。一方、iPS細胞が典型例だが、ライフサイエンス分野では今後も多くのブレークスルーが期待できる。市場が拡大していくのは確実であろう。

　安倍政権では医療交流と健康寿命の延伸を目標にしているが、ここでは医療交流について考えよう。安倍政権は当初、医療の輸出に注目した。アウトバウンドの重視である。国策を行っている一般社団法人MEJの理事を強化し、アウトバウンドを打ち出した。これは一定の成果を収めている。

　しかし、最大の問題は、医療の国際展開を進められる"競争力"が日本にあるかであろう。医療の国際展開を図る上で意識すべき大きなライバルは、海外の医療機関となる。今までの日本の医療は社会保障の枠で、あるいはODAといった枠で行ってきたものであるから、個々の組織体、例えば医療法人に、海外の病院のような競争力があるかといえば、大半は乏しいと答えざるを得ないであろう。医療レベルは高いのだが、それをアピールする組織力に欠けるのである。

（1）日本発の医療ブランドの確立

　とはいえ、近年様々な方面から日本の医療が国際的に目立ってきているのは間違いない。これらが統合的に、日本の医療ブ

ランドを高めていくのは間違いないであろう。

　旧来、日本の医療は個別専門分野での学会でのアピールを行っていた。その中で、がんや透析治療など世界有数の治療成績を残している分野も多い。今後はそういった各分野での実績が全体としての評価につながっていく時期が来ている。

　「クール・ジャパン」という言葉は2002年に米国のジャーナリスト、ダグラス・マグレイ氏が「日本のグロス・ナショナル・クール」と題するエッセーを英語圏で発表し日本文化を「クール指数世界ナンバー1」としたことがきっかけとなり普及した言葉である。同エッセーは、「日本は美食やアニメ、音楽、ゲーム、キャラクター商品などの分野で世界的な人気を誇る」と論じた。ここには医療は入っていないが、医療も「クール・ジャパン」のアイテムの一つになることは間違いない。

(2) 医療アウトバウンドの必要性

　具体的には、インバウンドの一つとしてとらえられることが多い、海外の患者を日本で治療しようという医療ツーリズムがそのアイテムの活用であるし、もう一つは、医療をアジアなどの新興国に輸出しよう、というアウトバウンドという動きである。

　一方、医療分野で「マーケット」や「市場」というと、怒る人もいるかもしれない。「命は地球より重い」とか、医療に営利的な考え、わかりやすく言えば金儲け的な考え方はなじまないという考え方が、日本では根付いているからだ。

　事実だけで見れば、アジアなどの新興国を中心に、医療に対する需要が急拡大している。日本の状況からは想像しにくいが、世界では人口が増加し（**図表1-6**）、全世界の医療ニーズはと

図表 1-6 総人口の推移（世界、日本）

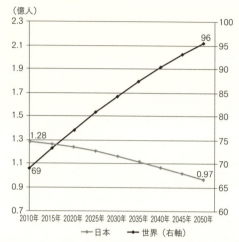

出所：日本は国立社会保障・人口問題研究所「日本の将来推計人口（平成24年1月推計）」、日本以外はUnited Nations "World Population Prospects：The 2012 Revision" より作成。いずれも2010年は実績値、2010年以降は中位推計の値。

どまるところを知らない。例えば糖尿病の患者は中国においては1億1,400万人になるという（国際糖尿病連合）。この一部が日本に医療ツーリズムとして来日するし、一方、中国に日本式の糖尿病治療の病院を作って欲しいという希望、日本から言えばアウトバウンドへの要望がある。

これは、**図表1-7**に示すようなデータに示される糖尿病患者の急増や、日本の20年～30年遅れで、急速に高齢化していくアジアを考えれば明らかである。これを、マーケットとしてとらえるのが適当なのか、そういうとらえ方は非人間的だ、と切り捨てるのが適当なのだろうか。

図表 1-7　世界の糖尿病人口　上位 10 か国

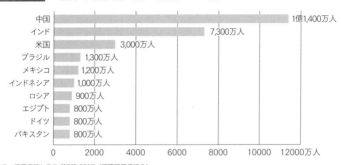

国	人口
中国	1億1,400万人
インド	7,300万人
米国	3,000万人
ブラジル	1,300万人
メキシコ	1,200万人
インドネシア	1,000万人
ロシア	900万人
エジプト	800万人
ドイツ	800万人
パキスタン	800万人

出典：糖尿病アトラス 第8版 2017（国際糖尿病連合）

6 アベノミクスと外国人の増加

 昨今、日本に暮らす外国人（在留外国人）、観光やビジネスで日本を訪れる外国人（訪日外国人）は増加の一途を辿り、それに比例するように日本国内の医療機関を受診する外国人患者は増え続けている。この動きは、2020年の東京五輪さらには2025年の大阪万博に向けてさらに今後も加速することが予想される。そのような社会情勢の中、外国人患者への対応は、薬局も含めどの医療機関にとっても重要な課題の一つとなっている。

 一方、アベノミクスにおいては、前述したように医療ツーリズムを産業化しようとか日本の医療を海外に輸出しようという動きも盛んである。例えばカンボジアのプノンペンには八王子の北原国際病院が、ロシアのウラジオストクには帯広の北斗病院が進出した。このような動きは、従来の日本が主導でODAなどを使い補助をしていくという動きとは異なっている。

 産業的視点で言えば、訪れた人にいかにしてよいもの（この場合には医療サービス）を提供できるか、言い換えれば高付加価値の医療サービスを提供できる組織しか生き残ることはできない。これは診療報酬という社会保障の枠組みの中ですべての日本人によいものを提供するという枠組みとは少し異なっている。

 難しいのは観光目的に日本に来た外国人の扱いである。日本国民として税金を支払っているわけではないので、日本国民のような手厚い医療サービスをする必要はないとも言えるが、医

療の倫理あるいは応召義務といった観点からは、日本人と変わりがない医療を提供したほうがいいという見方もある。この部分はやや哲学的な論争になるので本書からは外すが、具体的なアクションとしては、詳しくは後述するが、厚生労働省は「すべての外国人が日本の医療を安全・安心に享受できる環境づくり」のため、2011年度に「外国人患者受入れ医療機関認証制度：JMIP（Japan Medical Service Accreditation for International Patients）」を構築、2012年度から一般財団法人日本医療教育財団が制度運営を開始している。JMIPでは「①受入れ体制」「②患者サービス」「③医療提供の運営」「④組織体制と管理」「⑤改善に向けた取り組み」の5つの観点で、外国人患者の受入れ体制を評価、認証している。

外国人患者受入れ医療機関認証制度推進協議会では、2012年度からJMIPの普及促進のために医療機関や外国人に対し、様々な活動を行っている。その活動の中で外国人患者対応への課題や取り組み事例を取り上げ、制度の普及推進のみならず、外国人患者の受入れ環境の整備、体制構築についても取り組んでいる。

民間の動きも忘れてはいけない。次に、こういった国の動きを受けてのJCIの取得を中心に民間の動きを紹介しよう。

7 JCIの展開

　JCI（Joint Commission International）は The Joint Commission（TJC）の国際部門である。母体となる TJC は第三者の視点から医療機関を評価する民間団体であり、日本における医療機能評価機構の原型となった組織である。1910年代に米国、ハーバード大学外科医のコッドマン教授が、「自ら行っている診療行為を第三者的立場にいる別の専門医、外科の専門医に評価をしてもらいたい」と考えたのが誕生のきっかけと言われ、1917年から活動を開始している。1951年にアメリカ外科学会、内科学会、病院協会、医師会、カナダの病院協会の5つが理事者となり JCAH：Joint Commission on Accreditation of Hospitals－病院認定合同委員会（1987年に現在の JCAHO：Joint Commission on Accreditation Healthcare Organizations に改名）としてスタートし、現在 The Joint Commission となっている。

　TJC 全体の職員は約4,000人であり、全米の病院の約80％、病床数で言えば95％をカバーしている。徐々に認証（Accredited）組織の対象を拡大し、リハビリテーションセンターや、老人ホームに対する認証も実施するとともに、最近では喘息などの疾患別に認定（Certified）を与えるプログラムも実施し始めている。また患者搬送などの救急搬送のサービスにも認証を行っている。

　米国の国内で TJC の認証を受けるメリットとしては、米国の公的保険であるメディケア、メディケイドなどの保険償還を

医療機関が受ける際に有利になるというものがある。この点は、メディケア、メディケイドなどの保険償還を医療機関が受ける際には米国保健省の直接の認可でもいいのだが、TJC のほうがいいですよ、ということを意味している。

しかし、病院によっては TJC の認証を必要ないとする病院も出てきている。また、ライバルも現れ、TJC 自体も、病院とのパートナーシップをより重視するようになってきており、患者の安全などにも非常に関心をもっている。

そんな中で、TJC は全米の活動をより広げ、その国際部門である JCI は自らのミッションである国際的な医療の質改善を進めることを目的に、1989 年にグローバルの基準を作成、JCI としての「認証」と「出版、教育、コンサルティング」活動を始めた。1999 年から米国の基準を参考に、各国ごとの診療実績・事例（ベスト・プラクティス）を調査・収集し、それぞれの国ごとの法律や状況に適した評価を進めている。現在、60 か国以上の国で、医療機関、厚生省、WHO、基金などとともに活動している。JCI は、2019 年 1 月現在、世界に 1,076 施設の認証組織がある。なお、JCI はクリニックや老人保健施設の認証も行っている。

また、この動きは、医療ツーリズムとも関連が強い。すなわち、保険の支払の基準に、この認証を使用することができるからだ。

まさに、この JCI の認証への動きと並行して、日本からの患者流出あるいは、輸入を示す医療ツーリズムが日本でも話題になってきた。これは、タイのバンコクホスピタル、サミテベート病院、シンガポールのマウントエリザベス病院などの民間病院ではすでに見られる動きである。すなわち、これらの病院は、

JCIの認証を取得している。

　ただし、注意しなければいけないことは、JCIは医療の質向上を目的にしており、医療ツーリズムは、あくまで2次的についてきたものであるということだ。

8 JCIの認証の構造

　JCIはISO（International Organization for Standardization）の医療版という言い方もできる。実際、JCIの認証を取得している病院の多くは、事前にISOの認証を得ていることもある。

　関連した動きをもう一つ紹介すると、JCIの入門書の翻訳である、真野俊樹、小泉ともえ訳の『ジョイントコミッション・インターナショナル認定入門』（2009/11/5　絶版）において他の認証との関連が述べられている。「JCIの認定では（中略）、継続的改善に焦点を当てた類似の欧州基準（EFQM〈European Foundation for Quality Management〉）や米国基準（マルコムボルドリッジ賞 Malcolm Baldrige）にも対応しています。例えばJCI規格の組織機能のコンセプトの多く（Quality Management and Improvement 品質マネジメントと改善；Governance, Leadership, and Direction ガバナンス；リーダーシップ；指示・命令；Staff Qualifications and Education 職員の資格認定と教育；Management of Information 情報管理）とボルドリッジ賞は類似しています。ボルドリッジ基準と同様に、JCI規格とEFQMとの間にも同様の関連性があります。その中でJCI規格は組織の方針と戦略、および知識の管理体制の確立において重要なプロセスを明確にしています」

　現在のJCIは下記に示すIPSG（国際患者安全目標）に代表される患者中心の規格と医療機関の管理に関する基準に大別される。

IPSG.1：患者を正確に識別
IPSG.2：有効なコミュニケーション
IPSG.3：ハイアラート薬の安全性
IPSG.4：手術部位、手技、および患者が正しいことの確認
IPSG.5：医療関連感染のリスクを軽減
IPSG.6：転倒によるリスクを軽減

そして、日本でも**図表 1-8** に示すように多くの医療機関が米国発の医療国際認証である JCI の認証を受けるようになってきている。

図表 1-8 JCI 取得機関（2019 年 1 月順不同）

- 亀田総合病院
- NTT関東病院
- 聖路加国際病院
- 徳洲会：湘南鎌倉病院
- 聖隷浜松病院
- 相澤病院
- 済生会熊本病院
- 徳洲会：葉山ハートセンター
- 埼玉医科大学国際医療センター
- 足利赤十字病院
- 沖縄南部徳洲会病院
- 東札幌徳洲会病院
- 湘南藤沢徳洲会病院
- 倉敷中央病院
- 国際医療福祉大学三田病院
- 中部徳洲会病院
- 石巻日赤病院
- 三井記念病院
- 医療法人マックシール巽病院
- 彩の国東大宮メディカルセンター
- 名古屋第二日赤病院
- 藤田医科大学
- 岸和田徳州会病院
- メディポリスがん粒子線治療研究センター
- 福岡徳洲会病院
- 老健リハビリよこはま
- 東京ミッドタウンクリニック

9 医療とインバウンドの最近の傾向と課題

　日本は 2020 年に行われるオリンピックの誘致に成功し、2015 年に外国人観光客はほぼ 2,000 万人となり、2018 年には 3,119 万人となった。

　ただ、観光客の急増というこの現象は、オリンピック効果はあるとはいえ、日本のよさが世界に広まったものであり、政策が成功したものではないという点に注意が必要だ。もちろん、福田康夫内閣時の 2008 年 10 月 1 日に観光庁ができて、その地道な努力が実を結んだという見方もあろうが、むしろ政策が後追いになっている感が強い。

　政府は、2020 年の観光客の目標値を当初の 2,000 万人から 4,000 万人へ増加した。こういった流れを受けて、医療の国際化の分野は、各省庁相乗りで完全に国策となり多くの補助金がついている。

(1) 人の流動化

　もうひとつの可能性としては、外国人が日本に来るのは、一時的な現象ではないかというものである。しかし、そうではなさそうだ。世界全体の動きと言える。

　国連世界観光機関（UNWTO）が 2016 年 1 月 18 日に発表した「世界観光指標（World Tourism Barometer）」によると、2015 年の国際観光客到着数（宿泊者数）は前年比 4.4％増の 11 億 8,400 万人で過去最高となった。この数字は、2014 年と比較して国際観光客数が 5,000 万人以上増えたことを示すものである。

これらのベースにはICTの進歩による情報化があり、とどまることはないだろう。なお、観光客以外の流動化の対象には、
- ●労働者：例えば、コンビニなどで働く人
- ●高度人材：看護師、介護士含む
- ●患者

があげられる。

(2) JMIPの創設

ここで地域医療を守る立場の厚生労働省の取り組みを紹介しよう。**図表 1-9**に示すように、2012年7月に「外国人患者受入れ医療機関認証制度（JMIP）」が創設された。この事業は、医療観光のみならず日本に滞在するすべての外国人も含めて対応しようというものである。

厚生労働省では、これまで、国民に対する良質な医療の提供という観点から、第三者機関による医療機関の評価事業を推進

図表 1-9 国際医療交流に関する厚生労働省の取組（外国人患者受入れに資する医療機関認証制度）

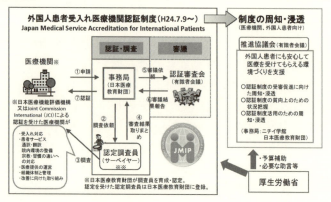

し、医療機関の質の確保に努めてきた。今回、外国人患者の受け入れに際して、例えば多言語での診療案内や宗教への対応等、日本人とは異なる文化・背景等に配慮した、医療機関の機能整備が必要となることが指摘された。これらのことを背景に、厚生労働省ではビジネスや観光などで来日した外国人や、日本に在住する外国人が、安心して医療機関を受診できる環境を整備するため、外国人患者受入れに資する医療機関認証制度整備のための支援事業を実施することとし、JMIP事業が開始された。そして、当初は伸び悩んだが、政策の後押しもあって2017年度までには45病院が認証されている（**図表1-10**）。

図表1-10 JMIP累積認証医療機関数

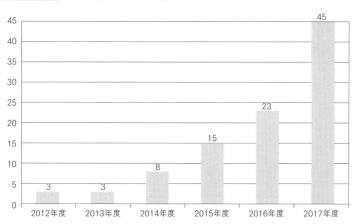

10 日本の病院の外国人対応の現状と地域の活性化

(1) 日本の病院の現状

ここで、日本の病院の現状を見てみよう。東京女子医大遠藤弘良教授による「平成25年度 国際医療交流（外国人患者の受入れ）に関する調査集計結果」によれば、

○調査対象病院：1,403病院 ・公益財団法人日本医療機能評価機構の認定病院のうち、医療機能評価機構のデータベースに一般病院として登録されている病院
○調査期間： 平成25年10月1日から10月31日まで
○調査方法： 自記式調査
○有効回答数： 766病院 （有効回答率 54%）

特に「外国人患者受入れを実施するうえで、今後、政治、行政、民間が整備すべき要点をあげてください（重要なもの3つまで）」という問いにおいて、医療通訳や多言語化した文書がないことが問題視されている。また**図表1-11**に示すような整備体制であった。これを受けて、従来のJMIP以外に**図表1-12**のような医療通訳や医療コーディネーターを養成、配置する事業や、多言語化した文章を作成する事業（平成25年度補正予算）を行うこととなった。

(2) 地域の活性化につながるか

このような取り組みが地域の活性化につながるかどうかは、現時点ではまだ明らかな成功例はない。以前にある論文で、ミ

第1章 医療の国際化の流れとJCIの普及とJMIPの誕生

図表 1-11 「平成25年度国際医療交流(外国人患者の受入れ)に関する調査集計結果」(抜粋)

Q 外国人患者の受入れの病院体制について、以下を整備していますか

(4) 外国人患者に配慮した院内案内図や案内表示を整備している
118 / 646 / 4

(5) 外国人患者が理解可能な言語で、治療説明書や同意書を作成している
125 / 632 / 9

(6) 診療に先立って概算費用を通知する方法がある
203 / 555 / 8

(7) 患者の宗教・習慣の違いを考慮した対応方法がある
229 / 528 / 9

■はい □いいえ ■無回答

図表 1-12 わが国医療機関における外国人患者受入れ環境の整備

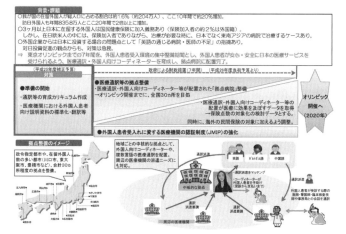

(出典)厚生労働省ホームページ[厚生労働関係部局長会議(厚生分科会)資料]より抜粋

ネソタ州ロチェスターにある、世界有数の医療機関であるメイヨークリニックについて取り上げたことがある。そこで、メイヨークリニックにあるロチェスターは地方都市であっても医師不足はない、と述べた。

最近では、ロチェスターに変化が起きた。すなわち、Destination Medical Center 構想である。簡単に言えば、米国各地あるいは全世界からさらに人を呼び込もうということである。この取り組みが成功するかどうかは、日本の地域（医療）の活性化と同じく未知数であるが、こういった取り組みが全世界で行われている。

今後の日本をよくするために、外国人も含めて「患者」という視点で、よき医療を提供していくのは、医療先進国である日本の医療機関の務めではないだろうか。そしてその結果、その地域に多くの人が流入しその地域が栄えていくことになるというのが理想的なシナリオであろう。

(3) まとめ

詳しくは4章で述べるが、外国人の増加は一時的な現象ではなさそうである。そして、当然その外国人がケガをしたり病気になれば医療機関を受診する可能性は増える。観光庁によれば、訪日外国人の4％が医療機関を受診する可能性があるとも言われている。

2017年、訪日外国人は2,869万人であるので医療機関受診の可能性は100万人を超え、社会問題となってきている。そのために政府も様々な打ち手を考えている。

本文中に触れた以外にも、2018年になってから自民党や内閣官房において外国人の医療に対する受入れ体制が議論され、

現在は厚生労働省に引き継がれ議論が進んでいる（2019年2月）。旧来の国民皆保険の考え方は、日本人あるいは日本に長期に滞在している人を対象にしていたので、社会保障における考え方も大きな方針の転換あるいは修正を迫られており、厚生労働省の打ち手も限られたものになろう。そんな中ではあるが、目の前にいる外国人患者への対応が迫られる医療機関としては、個別の努力が必要になってきた時代と言えよう。

参考文献
・http://www.rad-ar.or.jp/siori/index.html
・https://www.mims.com/
・http://j.sankeibiz.jp/article/id=1447
・真野俊樹『医療で「稼ぐ」のは悪いことなのか？』（薬事日報社）2018年
・真野俊樹『日本の医療、くらべてみたら10勝5敗3分けで世界一』（講談社+α新書）2017年
・真野俊樹『医療危機―高齢社会とイノベーション』（中公新書）2017年
・真野俊樹『医療が日本の主力商品になる』（DC21携書）2012年
・武川正吾（著、編集）、宮本太郎（著、編集）『グローバリゼーションと福祉国家』（講座現代の社会政策第6巻）2012年
・日本貿易振興機構（ジェトロ）「活発化する世界の医療サービスビジネス～各国・地域の医療サービスビジネス・制度報告～」2013年10月
・森臨太郎『持続可能な医療を創る―グローバルな視点からの提言』（岩波書店）2013年
・李啓充『米国医療の光と影』（医学書院）2000年
・中浜隆『アメリカの民間医療保険』（日本経済評論社）2006年
・加藤智章（編集）、西田和弘（編集）『世界の医療保障』（法律文化社）2013年

第 2 章
JMIP の概要と現状

1 JMIPとは何か

「外国人患者受入れ医療機関認証制度」（通称「JMIP」：Japan Medical Service Accreditation for International Patients）は、国内の病院または健診施設を対象に、外国人患者の受入れ体制を調査・評価し、一定の評価基準をクリアした医療機関に認証を付与する制度である。2011年度に厚生労働省の補助によって創設された後、「一般財団法人 日本医療教育財団」が認証機関となり、運営している。

(1) JMIPの目的

JMIPの目的は次のように掲げられている。

> 「外国人が安心・安全に、国際的に高い評価を得ている日本の医療サービスを享受することができる体制を構築することを目的とする。」

ここでいう「外国人」とは、観光・ビジネスや留学、医療目的など様々な理由で訪日する外国人、および日本に在住する在留外国人の双方を含んでいる。つまり、日本国内の医療機関を受診する、「少しでも言語や文化の壁がある患者のすべて」が対象となる。

(2)「外国人」の定義について

ここで「外国人」の定義について、少し考えておこう。
秋山剛は「外国人」という概念の二面性について次のように

言及している。

> 「外国人」には「国籍が日本でない」という形式的な側面と「日本語、日本の社会体制や文化がよく理解できない」という実質的な側面があり、実質的な側面がより重要である。
>
> (『あなたにもできる外国人へのこころの支援』岩崎学術出版社)

　医療機関を訪れる「外国人」を考えた場合、形式的な側面としての「外国人」については、患者に診療申込書等を通じて国籍を尋ねるなどの方法で、把握することはできる。しかし、実質的な側面としての「外国人」については、患者とコミュニケーションを交わしていく中ではじめて判明する場合も多い。例えば、国籍は「日本人」であっても、来日してからの期間が浅く、日本語でのコミュニケーションが不十分な患者もいる。さらには、日本国籍を取得しただけでなく、日本語も習得して、かなり流暢に話すことができるが、母国とは異なる日本人のものの考え方や文化・習慣を十分に理解しているわけではない場合もある。医療機関側で、来院の最初の段階でそこまでの把握をすることはなかなか難しいが、実際に治療が進む中で、あるいは入院生活の中で、そのような文化的な差異が基となって、医療者とのコミュニケーションが阻害されるケースもあり得る。そのため、JMIPでは、「外国人」という概念を、国籍をベースとした「形式的な側面」よりもむしろ、言語や文化の差異をベースとした「実質的な側面」にポイントを置いて考えている。

(3) JMIPの対象医療機関

　JMIPでは、その扱う領域を、前述の意味での「外国人」と

の院内におけるコミュニケーションに関する部分に特化して定めている。しかし、そのような領域が円滑に適正に機能するためには、その基盤である医療機関としての「医療の質」そのものが、事前にしっかり担保されている必要がある。そのため、JMIP受審のための前提として、現在、**図表2-1**のような要件を満たすことが求められている。ここに掲げられている5つの認証制度、認定制度のうち、1つでもその認証を取得していればJMIPの受審が可能である。

(4) JMIPの評価項目

JMIPでは評価の基準を大きく、次の5つの領域に分けて構成している。

（1）受入れ対応

図表2-1 JMIPの受審要件

第三者機関による認証制度※によって医療施設機能が評価されている病院または健診施設

※次の条件を満たす認証制度で、かつJMIP認証審査会が適切であると判断したもの。
（1）病院または健診施設の医療機能を評価する評価項目を定めている。
（2）所定の研修カリキュラムによって養成された調査員により、評価項目に沿った調査（実地調査を含む）が実施されている。
（3）調査結果に基づき、第三者からなる認証審査機関によって認証の是非が審議されている。

（例）① 病院機能評価（日本医療機能評価機構）
　　　② Accreditation Standards For Hospitals（Joint Commission International）
　　　③ ISO9001／14001
　　　④ 臨床研修評価（卒後臨床研修評価機構）
　　　⑤ 人間ドック健診施設機能評価（日本人間ドック学会）

（2）患者サービス
（3）医療提供の運営
（4）組織体制と管理
（5）改善に向けた取り組み

　この5領域は、その下の階層である12の大項目で、それぞれの内容が少し具体化されている。

1.1　外国人患者に関する情報と受入れ体制
1.2　医療費の請求や支払いに関する対応
2.1　通訳（会話における多言語対応）体制の整備
2.2　翻訳（文書での多言語対応）体制の整備
2.3　院内環境の整備
2.4　患者の宗教・習慣の違いを考慮した対応
3.1　外国人患者への医療提供に関する運営
3.2　説明と同意（インフォームドコンセント）
4.1　外国人患者対応の担当者または担当部署の役割
4.2　安全管理体制
5.1　院内スタッフへの教育・研修
5.2　外国人患者の満足度

　さらに、大項目の下には、中項目、小項目、下位項目の各階層があり、最も具体的で細かい評価内容を記述した下位項目は、全99項目で構成されている（**図表2-2**）。個々の評価項目の内容に関しては、第3章で外国人患者受入れのための体制整備方法について述べながら、その要点を紹介していきたい。なお、JMIPのホームページ上に、評価項目の一覧表「自己評価票」

図表 2-2 評価項目 5つの階層

分類 (x)	評価の分類を表す項目	1				受入れ対応
大項目 (x.x)	対象領域における枠組みを表す項目	1	**1**			外国人患者に関する情報と受入れ体制
中項目 (x.x.x)	直接評価の対象となる項目	1	1	**1**		外国人患者に対する広報活動と医療行為に必要な情報を収集している。
小項目 (x.x.x.x)	中項目を判定するための指標項目	1	1	1	**1**	外国人患者向けの広報ツールが整備されている。
下位項目 (①②③)	小項目を判定するうえで確認すべき項目					① ホームページ（電子媒体）には、英語および医療機関が必要と判断した外国語で、情報を記載している。
◆マーク	（◆マークで記述されている内容をもとに判定）					◆ ホームページには、医療機関の診療科、連絡先、アクセスを記載していること。

図表 2-3 評価項目（自己評価票 表紙）

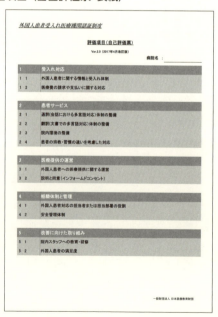

(図表 2-3)が掲載されており、自由にダウンロードすることができるので是非、参照してほしい(http://jmip.jme.or.jp/pdf/evaluation_ver2.0_1704-3.pdf)。

(5) JMIP の審査の流れ(図表 2-4)

JMIP を受審しようとする医療機関は、JMIP のホームページ上の申込画面(https://jmip.jme.or.jp/form.php)に必要事項を入力し、日本医療教育財団へ送信することで受審を申し込むことができる。申込み後は、医療機関と日本医療教育財団との間で簡単な契約書を締結した後、認定調査員(サーベイヤー)により、書面調査および訪問調査の2段階の調査が行われる。調査終了後、認定調査員より調査結果が日本医療教育財団に報告され、医療の国際化や JMIP に精通した有識者からなる「認証審査会」における最終の審議を経て、「認証」または「認証

図表 2-4 受審の流れ

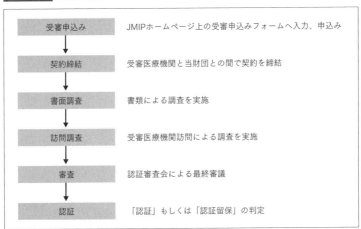

留保」の判断が下される。

以下、書面調査と訪問調査の内容について、少し解説を加える。

①書面調査

書面調査では、「現況調査票」、「自己評価票」、「事前提出資料」の3種類の書類の提出が求められる。

「現況調査票」(**図表 2-5**) は、受審病院の基本情報の他、外国人患者の来院状況（国籍や対応言語など）、各言語に対する対応体制（院内の職員による対応、外部の派遣通訳者や電話通

図表 2-5 現況調査票 表紙

訳の利用など)、病棟の環境における外国人患者への配慮の状況、などについて、所定フォームに入力するものである。現況調査票への入力のために、はじめて自院の外国人患者の来院数を調べ始める、という受審病院も少なくないが、外国人患者の現状の把握こそが、外国人患者受入れ体制を整備していくための最初の１歩とも言える。

「自己評価票」(**図表 2-3**) は先述の JMIP 評価項目の一つひとつについて、現状での整備状況に照らして「○、△、×」で自己チェックしていくものである。

3つ目の提出書類である「事前提出資料」(**図表 2-6**) は、

図表 2-6 事前提出資料

事前提出資料 (ver2.0) (2017年4月改訂版)

項目番号	評価項目	書類・資料名
1 1 1 1	外国人患者向けの広報ツールが整備されている。	外国語のホームページ (診療料、連絡先、アクセス)
1 1 1 2	外国人患者の受付時に、必要な情報を入手する体制がある。	受付票(診療申込書)フォーマット (国籍・母国語・対応言語・緊急連絡先・保険の有無)
1 1 1 3	外国人患者の診察時に、必要な情報を入手する体制がある。	医療面接票(問診票)フォーマット
1 1 1 4	海外の医療機関から外国人患者の情報を入手する体制がある。	患者の情報公開に関する同意書フォーマット
1 1 2 1	事務部門において、外国人患者に対応する体制がある。	コミュニケーションツール (事務部門対応内容)
1 1 2 2	医師が外国人患者に対応する体制がある。	コミュニケーションツール (医師対応内容)
1 1 2 3	検査部門において、外国人患者に対応する体制がある。	コミュニケーションツール (検査部門対応内容)
1 1 2 4	看護部門において、外国人患者に対応する体制がある。	コミュニケーションツール (看護部門対応内容)
1 1 2 5	薬剤部門において、外国人患者に対応する体制がある。	コミュニケーションツール (薬剤部門対応内容)
1 2 1 1	診療に先立って概算費用を通知する方法がある。	概算費用フォーマット (概算の内訳と、実際の請求額と異なる事がある旨の記載)
1 2 1 2	外国人患者向けに支払明細書(領収書)の内容を通知する方法がある。	請求書フォーマット (金額の内訳)
2 1 1 2	適正な通訳が提供されているか確認する方法がある。	アンケートフォーマット
2 3 1 1	外国人患者に配慮した院内案内図・案内表示を整備している。	外国語の案内図・平面図・案内表示の写真 外国語の危険区域、関係者限定区域の立ち入り禁止案内表示の写真
2 3 1 2	外国人患者に配慮した療養環境を整備している。	入院案内、入院手引き
2 4 1 1	外国人患者に配慮した入院中の食事の対応方法がある。	献立、食材表 患者情報確認票(制限される食材)
2 4 1 2	各種宗教・習慣に配慮した対応方法がある。	患者情報確認票 宗教倫理による医療行為制限に関する説明書類
3 1 1 1	担当医療スタッフを外国人患者に伝える方法がある。	コミュニケーションツール (医師紹介・看護師紹介)
3 1 1 2	診療において、外国人患者に配慮した対応方法がある。	診療結果通知フォーマット
3 1 1 3	検査において、外国人患者に配慮した対応方法がある。	検査結果通知フォーマット
3 1 1 4	看護において、外国人患者に配慮した対応方法がある。	看護内容の通知フォーマット
3 1 1 5	薬剤情報提供において、外国人患者に配慮した対応方法がある。	薬剤情報説明フォーマット
3 1 2 1	緊急時・医療事故発生時に外国人患者の関係者に連絡する方法がある。	受付票(診療申込書)フォーマットまたは医療面接票(問診票)フォーマット (緊急連絡先)
3 1 2 2	災害発生時に外国人患者に対応する体制がある。	非常口案内図、避難経路図の写真
3 2 1 2	外国人患者と治療に関する同意書を交わしている。	各種同意書フォーマット
5 2 1 1	外国人患者からの意見を収集する方法がある。	アンケートフォーマット

※(　)内は調査での主な確認事項
※各外国語版および対応する日本語版を提出

一般財団法人 日本医療教育財団

院内にて外国人患者向けに使用している、あるいは使用予定の様々な医療文書や多言語対応ツールを、外国語版および日本語版を併せて提出するものである。そして、これらの書類の提出に向けた準備こそが、JMIP受審準備の大きな要の一つになるものである。外国人患者受入れの実績が豊富な病院でも、これらの一連の書類や書式がすべて外国語版でそろっているところは皆無であり、JMIPの受審をきっかけにして整備していく医療機関がほとんどである。そのため、日本医療教育財団のJMIP事務局からも、受審医療機関に対して、書類整備に向けた様々なサポートを行っている。また、第3章で詳しく述べるが、日本医療教育財団が厚生労働省事業の一環として作成した「外国人向け多言語説明資料」が厚生労働省のホームページに掲載されている。各種医療文書のモデルフォームを5か国語で作成したものであり、事前提出資料を準備する際に活用できる。

②訪問調査

書面調査用の資料が提出され、2か月ほどして訪問調査が実施される。日本医療教育財団より3名の認定調査員（サーベイヤー）が直接、受審病院を訪問し、2日間かけて院内の現状を調査する（**図表2-7**）。

調査の1日目は、「オリエンテーション」と「書類確認」が中心となる。「オリエンテーション」では、院長、看護部長、事務長などの幹部職員の出席が求められる。医療機関全体としての外国人患者の受入れ方針や受入れ体制、国際交流への取り組みなどについて、その全体像を把握する場となる。「書類確認」では、職員向けの外国人患者対応マニュアルや、外国人患者に係わる各種検討会議の記録、通訳利用実績管理簿など、事

前の提出が難しい院内文書や、患者の個人情報に係わるものについて、書類上の確認を行う（**図表 2-8**）。

これら調査当日の「書類確認」の対象となる書類についても、JMIP の受審病院でさえ、受審前までは未整備なままであることが少なくない。詳しくは第 3 章で触れるが、各部署での「外国人患者対応マニュアル」や、「災害発生時の外国人患者用の避難誘導マニュアル」、また通訳や翻訳の履歴表など、外国人患者受入れ体制のための調査ならではの文書の呈示が求められているため、外国人患者対応初心者の医療機関にとっては、準備するにもイメージが湧きにくく、戸惑う担当者も多い。そのためこれらについても、先ほどの「事前提出資料」同様、JMIP 事務局から受審医療機関に対して随時、作成支援などのサポートを行っている。

図表 2-7 訪問調査の流れ

	時間	所要時間	項　目
1日目	12:30	40分	サーベイヤーミーティング
	13:10	50分	オリエンテーション
	14:00	100分	書類確認
	15:40	40分	サーベイヤーミーティング
	16:20	10分	1日目終了の挨拶
	16:30		1日目終了
2日目	9:00	10分	サーベイヤーミーティング
	9:10	5分	医療機関との打合せ
	9:15	150分	担当者合同面接
	11:45		昼食・休憩
	13:00	110分	院内ラウンド調査
	14:50	80分	サーベイヤーミーティング
	16:10	20分	講評
	16:30		2日目終了

訪問調査の２日目のプログラムでは、午前中の「担当者合同面接」と午後の「院内ラウンド調査」がメインになる。

「担当者合同面接」では、外国人患者受入れの直接の担当部署に加え、事務部門、診療部門、検査部門、看護部門、調剤部門、栄養科、医療安全管理室などの各部門から、現場担当者や責任者の方々に出席していただき、JMIPの評価項目の一つひとつについて、「1.1.1.1」の項目から順番に認定調査員がヒアリングを行っていく。

午後の「院内ラウンド調査」では、それまでの書類上の調査や担当者への面接を通して認定調査員に示された外国人患者対

図表 2-8 書類確認 調査対象資料

書類確認　調査対象資料（ver2.0）　（2018年4月改訂版）

項目番号	評価項目	書類・資料名
1 1 1 1	外国人患者向けの広報ツールが整備されている。	更新記録表 （日本語のホームページの更新日時と内容、英語および外国語のホームページの更新日時と内容）
1 1 1 2	外国人患者の受付時に、必要な情報を入手する体制がある。	マニュアル（受付時の面接方法）
1 1 1 3	外国人患者の診察時に、必要な情報を入手する体制がある。	マニュアル（診察時の面接方法）
1 1 1 4	海外の医療機関から外国人患者の情報を入手する体制がある。	マニュアル （海外医療機関連携連絡担当者または担当部署）
1 1 2 1	事務部門において、外国人患者に対応する体制がある。	マニュアル（通訳依頼やツールの使用方法） 語学力のリスト（事務部門スタッフ）
1 1 2 2	医師が外国人患者に対応する体制がある。	マニュアル（通訳依頼やツールの使用方法） 語学力のリスト（医師）
1 1 2 3	検査部門において、外国人患者に対応する体制がある。	マニュアル（通訳依頼やツールの使用方法） 語学力のリスト（検査部門スタッフ）
1 1 2 4	看護部門において、外国人患者に対応する体制がある。	マニュアル（通訳依頼やツールの使用方法） 語学力のリスト（看護部門スタッフ）
1 1 2 5	薬剤部門において、外国人患者に対応する体制がある。	マニュアル（通訳依頼やツールの使用方法） 語学力のリスト（薬剤部門スタッフ）
1 2 1 4	外国人患者の未収金発生防止について検討している。	未収金の事例の記録（患者情報、日時、金額、後追い記録） 未収金検討会議議事録（日時・参加者・内容）
2 1 1 1	通訳を提供できる体制がある。	マニュアル（院内・院外の通訳連絡先・通訳サービスの判断基準） 管理表（患者情報、言語、日時、通訳者（社））
2 1 1 2	適正な通訳が提供されているか確認する方法がある。	通訳者の経歴書（資格、通訳歴） 医師・看護師等の日報（通訳利用の感想）
2 1 1 3	医療機関において、通訳者との適正な連携体制がある。	マニュアル（通訳活用の留意点） リスクに関する認識共有の書面（医療機関と通訳会社間） リスクに関する認識共有の書面（医療機関と患者および同伴通訳者間）
2 2 1 1	日本語で記載された書類を外国語に翻訳する体制がある。	マニュアル（院内・院外での翻訳対応先・翻訳選定基準） 翻訳履歴管理表（患者情報、言語、日時、翻訳対応者（社））
2 2 1 2	外国語で記載された診療情報などを日本語に翻訳する体制がある。	マニュアル（院内・院外での翻訳対応先・翻訳選定基準） 翻訳履歴管理表（患者情報、言語、日時、翻訳対応者（社））
3 1 1 1	担当医療スタッフを外国人患者に伝える方法がある。	名札（外国語表記）
3 1 1 6	外国人患者に配慮した退院時・退院後の対応方法がある。	診療情報提供書・退院療養計画書・退院サマリー
3 1 2 2	災害発生時、外国人患者に対応する体制がある。	マニュアル（避難誘導方法）
3 2 1 1	治療方針や治療内容、検査内容を外国人患者に伝える方法がある。	外国語の診療計画書・説明書（治療内容） 外国語の検査内容説明書（検査内容）
4 1 1 1	外国人患者に対応する担当者または担当部署を設置している。	マニュアル（担当者・部署、役割、業務内容の有無） 院内周知文書（担当者または担当部署の記載）
4 1 1 2	外国人患者の受入れに関する院外からの問い合わせに対応できる体制がある。	マニュアル（問い合わせ対応方法） 問い合わせ対応履歴管理表（対応者、日時、内容の記載） 情報提供の際に使用するツール（頻度の高い問い合わせへのFAQ等）
4 1 2 2	外国人患者の受入れに関して検討する体制がある。	会議規定・委員会規程（開催目的・頻度・出席者の記載） 議事録・報告書・会議記録（内容・日時・参加者の記載）
4 2 1 1	外国人患者の受入れに関する安全管理体制がある。	医療安全管理委員会規程（外国人患者対応の担当者からの選任） 医療安全管理委員会議事録（医療安全管理マニュアルとの整合性） 医療安全管理マニュアル（訴訟に関する院内連携方法）
5 1 1 1	外国人患者の宗教・習慣や他の医療機関の取り組みに関する情報収集を行っている。	院外セミナー出席報告、議事録 （日時、参加者、内容の記載）
5 1 1 2	院内で外国人患者の受入れ対応の向上への取り組みがある。	開催履歴、議事録・報告書（内容、日時、参加者の記載）
5 2 1 1	外国人患者からの意見を収集する方法がある。	外国人患者へのアンケート結果 （国別、肯定的・否定的意見別集計結果）
5 2 1 2	院内スタッフから外国人患者の対応に関する意見を収集することが可能である。	医師・看護師等の日報などの意見集計結果（記録内容）

※（　）内は調査での主な確認事項

一般財団法人 日本医療教育財団

応のフローが、実際の各現場で十分に周知され、実行に移されているか（または実行可能となっているか）を確認するため、主要な部署を実際に訪問し、ヒアリング等を行う。また、併せて、院内各所の案内表示や掲示が多言語化されているかどうかを調査する。

(6) 審査結果について

認定調査員による書面調査および訪問調査の調査結果は、日本医療教育財団に上げられた後、「評価部会」での検証を経て、まずは「中間結果報告」として受審医療機関に報告される。その時点で、すべての評価項目が基準をクリアできていれば、あとは有識者からなる「認証審査会」での最終審議を待つことになる。一方、基準をクリアできていない評価項目がある場合は、改善すべき点を指摘した「改善要望書」が「中間結果報告」に添付される。受審医療機関は、所定期間内（1か月程度）に改善できるものについては、「改善要望書」に基づいて早急に改善した上で、その項目に関して「補充的調査」を受け、その結果も踏まえて、最終結果が「認証審査会」の審議に委ねられることになる。

「認証審査会」では厳正なる審議の末、「認証」または「認証留保」のいずれかの決定が下される。「認証留保」の場合は、医療機関は基準に達しなかった項目について、さらに改善を行った上で「再審査」を受審することになる。

(7) 認証取得後について

認証を取得した医療機関は日本医療教育財団より認証書（**図表 2-9**）が付与される。また、JMIPシンボルマーク（**図表 2-**

10)を病院ホームページ等で使用することが可能となり、JMIP認証医療機関であることを国内外に示すことができるようになる。なお、認証の有効期間は3年間であるが、3年ごとの更新審査の受審により認証を継続していくことができる。

　また、認証医療機関の義務として、外国人患者の来院状況や外国人患者の受入れ対応に関する様々な事例を定期的に日本医療教育財団に報告することが求められているが、それらのデータや事例は、集計・分析された上で全認証医療機関に情報共有されるので、各認証医療機関は、それらを自院のさらなる外国人患者受入れ体制向上のために活用していくことができる。

第 2 章　JMIP の概要と現状

図表 2-9 認証書

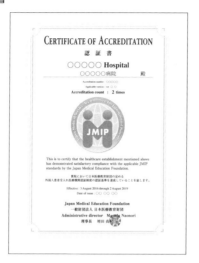

図表 2-10 シンボルマーク

2 JMIPの受審による効果とJMIPの現状

(1) JMIPの受審および認証取得による効果

これまでにJMIPを受審し、認証を取得した医療機関は、実際にはどんな効果を得ることができたのだろうか。日本医療教育財団が認証医療機関へのヒアリング等を通して収集した認証取得後の感想をまとめると、JMIPの受審および認証取得により、およそ次のような効果が期待される。

①外国人患者対応の円滑化

詳細は第3章で述べるが、JMIPの評価項目では、「外国人患者対応マニュアル」の整備が重要視されている。院内の各部署で外国人患者がいつ訪れてもよいように、外国人患者が来たら、どの部署の誰に連絡するか、あるいは、簡単な会話だけでもどのようなツールを用いて、どのようにするかなど、対応フローをしっかり決め、マニュアル化することで、どのスタッフでも落ち着いて必要最低限の対応が可能となる。これまで外国人患者が来院するごとに、慌てて英語ができるスタッフを探し出すなど、対応に四苦八苦していた状況が解消され、短時間でスムーズな対応が可能となる。

②外国人患者受入れに伴うリスクの軽減

これも詳細は第3章で述べるが、外国人患者受入れに伴い、未収金や通訳過誤、宗教・文化の違いに基づくトラブルなど、様々なリスクも発生する。JMIPの評価基準にはこれらのリスクの軽減に向けた視点がいくつも織り込まれているため、受審を通して必然的に、外国人患者受入れに伴うリスクマネジメン

ト体制が整備されていくことになる。

　実際に、JMIP 受審の動機としても、院内のスタッフを外国人患者受入れに伴うリスクから守るために、JMIP 受審による整備を必要と考えた、という医療機関が少なくない。また、JMIP の認証を取得することで、万が一の外国人患者とのトラブル発生時や、訴訟に発展した場合などでも、外国人患者受入れの体制づくりを日頃からしっかりと行っている医療機関であることの客観的な証(あかし)を示せることになる。

③外国人患者数の増加

　JMIP 認証による外国人患者増加の効果には 2 つの側面がある。

　1 つは、JMIP 認証医療機関であることが国内外に周知されることで外国人患者の来院が増えていくことによる。実際、JMIP の認証取得を機に、海外からの受診の問い合わせや、地域医療機関からの外国人患者の紹介などが増え、外国人の来院数が約 3 倍に増加したという医療機関からの報告もある。

　もう 1 つの側面は、受入れ体制の整備により、これまで外国人患者が来院しても受入れを断らざるを得なかった状況が改善され、受入れ可能になることによる。特に在留外国人が多い地域で、日本に長期滞在し、公的保険を取得しているにもかかわらず、いざ病気になったときに言語の問題により地域の病院から受診を断られたため、病状が悪化してから母国に帰国して治療を受けざるを得なかったという例が少なくない。そのような現状を少しでも改善しなくてはならないという使命感が JMIP 創設のモチーフの一つになっている。

④患者サービス全体のレベルアップ

　JMIP の評価基準では、外国人患者に対するインフォームド

コンセントの徹底や、宗教・習慣への配慮などが求められている。しかし、翻って考えれば、これらは決して外国人患者に限定した事柄ではない。特にインフォームドコンセントの徹底に関しては、本来、日本人患者も含めたすべての患者への対応として医療機関側が心がけるべきことである。しかし、日本人患者の場合、公的保険により医療費の負担が比較的少ないこととも相俟って、医療者側のパターナリズムに依存した受身的な受診姿勢が一般的になっている。また医療者側も、これまで、そのような診療風土を当然のこととして、インフォームドコンセントを軽視しがちな傾向にあった。

一方、海外では「診療も契約行為の一つである」という認識が強く、医療者側から十分な説明を受けた上で、治療方針や費用に関して、納得しながら治療を進めていくことを当然と考える患者が多い。

このように考えると、外国人患者を受入れるために外国人患者の視点に立った整備を進めていくことは、同時に、日本的な医療者・患者の関係性を見直し、患者中心の医療サービスへとシフトしていくための大きな契機となりえるのだ。実際に、JMIPの受審をきっかけに、日本人用の同意書やクリティカルパスの在り方も併せて見直すことができた、という受審医療機関の声は多い。同様に、「宗教や文化に特有なものの見方、価値観に配慮した患者サービス」という視点を養うことで、患者側のリクエストを受け止め、柔軟に応じていくための対応の幅が広がり、それが同時に日本人患者への係わり方にも反映されていく。

⑤国際的人材の確保

JMIPの認証医療機関として名が知られることで、海外経験

の豊富な人材が集まってくる傾向がある。例えば、留学経験のある看護師は少なくはないが、「海外での経験や語学力を生かして、ぜひJMIPの病院で活躍したい」という希望をもつ看護人材がJMIP認証医療機関に応募してくる例がよくある。これにより、院内の外国人患者対応体制がより手厚くなり、外国人患者の受入れが拡大されることで、語学力のある医療者を惹きつける環境がさらに強化される、といったプラスの循環がつくられていく。

(2) JMIPの政策的位置づけと現状

　先に述べたように、JMIPは厚生労働省が構築し、日本医療教育財団が認証機関として運営している制度であるが、制度スタート後も、厚生労働省はJMIPの周知や受審促進を目的とした「JMIP推進事業」を継続的に実施し、「JMIP推進協議会」等の活動を通じて、制度の普及拡大に取り組んできた。

　また、同省は2016年度より、国内の医療機関における外国人患者の受入れ環境を整備する「医療機関における外国人患者受入れ環境整備事業」を実施し、外国人患者受入れ体制づくりを一から行う医療機関に対して、補助金等を通じて支援を行う事業を展開してきた。同事業を通じて体制づくりに取り組んだ医療機関の多くは、現在、その成果を基にJMIPを受審し、認証取得を目指している。

　さらには、JMIPは政府の成長戦略の中にも位置づけられてきており、2016年度の「日本再興戦略」では、「JMIP認証病院の拡大を通じて、外国人患者受入れ体制が整備された医療機関を拡大していくこと」が明記されている。自治体レベルにおいても、東京都は2020年の東京オリンピック・パラリンピッ

クの開催に向け、都内の外国人患者受入れ環境を整備するべく、都立病院と保健医療公社の病院を併せた全14病院に関してJMIPを受審する方針を決定し、すでにそのうちの6病院が認証を取得している（2019年2月現在）。

　このように、政府レベル、自治体レベルの様々な政策的バックアップに加え、近年の訪日外国人、在留外国人の加速度的な増加にも後押しされて、JMIPを受審する医療機関は、この1、2年で急増し始めた。2019年2月現在、JMIP認証医療機関は55医療機関であり（**図表2-11**）、また現時点で20以上の医療機関が受審中（新規受審）である。もっとも、受審医療機関数は増えてきているとはいえ、まだまだ地域的な偏りは大きい。大都市圏や観光地等に偏在しているのが現状だ。

　しかし、昨今の訪日旅行者の動向を考えてみても、「外国人患者受入れ体制づくり」に例外となるような地域は、日本国内のどこにもないと思ったほうがよい。外国人旅行者は、日本のどこにでも訪れるし、私たち日本人の思いもよらぬ場所が、海外のSNSを通じて、突如、観光名所になり、外国人旅行客が押し寄せたりする時代なのだ。

　観光庁は、訪日観光客が安心して日本に滞在できる環境を準備するべく、「訪日外国人旅行者受入可能な医療機関」を選定し、日本政府観光局（JNTO）ウェブサイトに掲載している（2019年2月現在、選定数1,260医療機関）。しかし、これら選定された医療機関の多くは、実際的な受入れ体制がいまだ未整備なままであるのが現状だ。また、政府は、日本経済の成長の阻害要因になっている人手不足に対応するべく、外国人労働者の受入れ拡大に向け新たな在留資格を創設する方針を打ち出している。在留外国人の姿が、国内のどの地域においても、ごく

図表 2-11 JMIP認証医療機関一覧

医療機関名	所在地	医療機関名	所在地
医療法人雄心会 函館新市病院	北海道函館市	医療法人沖縄徳洲会 湘南鎌倉総合病院	神奈川県鎌倉市
医療法人徳洲会 札幌東徳洲会病院	北海道札幌市	医療法人徳洲会 湘南藤沢徳洲会病院	神奈川県藤沢市
国立大学法人北海道大学 北海道大学病院	北海道札幌市	社会福祉法人恩賜財団 済生会支部神奈川県 済生会横浜市東部病院	神奈川県横浜市
日本赤十字社栃木県支部 足利赤十字病院	栃木県足利市	磐田市立総合病院	静岡県磐田市
学校法人埼玉医科大学 埼玉医科大学国際医療センター	埼玉県日高市	社会医療法人財団慈泉会 相澤病院	長野県松本市
医療法人社団協友会 彩の国東大宮メディカルセンター	埼玉県さいたま市	医療法人真生会 真生会富山病院	富山県射水市
国立研究開発法人 国立国際医療研究センター病院	東京都新宿区	社会医療法人厚生会 木沢記念病院	岐阜県美濃加茂市
東日本電信電話株式会社 ＮＴＴ東日本関東病院	東京都品川区	社会医療法人蘇西厚生会 松波総合病院	岐阜県羽島郡
国家公務員共済組合連合会 虎の門病院	東京都港区	学校法人藤田学園 藤田医科大学病院	愛知県豊明市
医療法人徳洲会 東京西徳洲会病院	東京都昭島市	医療法人偕行会 名古屋共立病院	愛知県名古屋市
社会福祉法人恩賜財団済生会支部東京都済生会 東京都済生会中央病院	東京都港区	社会医療法人財団董仙会 恵寿総合病院	石川県七尾市
東京都立広尾病院	東京都渋谷区	医療法人社団恵心会 京都武田病院	京都府京都市
独立行政法人地域医療機能推進機構 東京高輪病院	東京都港区	医療法人財団康生会 武田病院	京都府京都市
学校法人国際医療福祉大学 国際医療福祉大学三田病院	東京都港区	公益社団法人 京都保健会 京都民医連中央病院	京都府京都市
公益財団法人日産厚生会 玉川病院	東京都世田谷区	地方独立行政法人 りんくう総合医療センター	大阪府泉佐野市
立正佼成会 立正佼成会附属佼成病院	東京都杉並区	医療法人徳洲会 岸和田徳洲会病院	大阪府岸和田市
医療法人財団岩井医療財団 岩井整形外科内科病院	東京都江戸川区	国立大学法人大阪大学 医学部附属病院	大阪府吹田市
日本私立学校振興・共済事業団 東京臨海病院	東京都江戸川区	医療法人沖縄徳洲会 吹田徳洲会病院	大阪府吹田市
公益財団法人 東京都保健医療公社 大久保病院	東京都新宿区	国立大学法人岡山大学 岡山大学病院	岡山県岡山市
東京都立墨東病院	東京都墨田区	一般財団法人津山慈風会 津山中央病院	岡山県津山市
東京都立駒込病院	東京都文京区	社会医療法人大成会 福岡記念病院	福岡県福岡市
医療法人沖縄徳洲会 武蔵野徳洲会病院	東京都西東京市	国立大学法人九州大学 九州大学病院	福岡県福岡市
公益財団法人東京都保健医療公社 荏原病院	東京都大田区	医療法人徳洲会 福岡徳洲会病院	福岡市春日市
東京都立多摩総合医療センター	東京都府中市	医療法人社団 高邦会 福岡山王病院	福岡県福岡市
社会医療法人社団木下会 千葉西総合病院	千葉県松戸市	社会医療法人緑泉会 米盛病院	鹿児島県鹿児島市
公益社団法人 地域医療振興協会 東京ベイ・浦安市川医療センター	千葉県浦安市	医療法人沖縄徳洲会 南部徳洲会病院	沖縄県島尻郡
日本赤十字社 成田赤十字病院	千葉県成田市	医療法人沖縄徳洲会 中部徳洲会病院	沖縄県中頭郡
社会医療法人社団木下会 鎌ヶ谷総合病院	千葉県鎌ヶ谷市		2019年2月現在

ありふれた日常の風景となっていく日が、すぐそこまで来ている。

　このように、日本国内のどの医療機関も、もはや外国人患者を想定した準備が多少なりとも欠かせない状況となっている。では、外国人患者のための体制づくりとは、具体的にはどのようなものなのだろうか。次章では、JMIPの評価基準をベースに、医療機関が行うべき、外国人患者受入れのための院内の体制整備の方法について、わかりやすく説明していきたい。

第 3 章

外国人患者受入れのための体制整備の方法

1 外国人患者受入れ体制整備の第一歩

　本章では、医療機関の事務職員が、外国人患者向けの体制整備を担当することになった場合、どのような点にポイントを置いて整備を進めていけばよいのかについて、JMIPの評価基準をベースに、具体的に説明していきたい。

(1) 来院する外国人患者の数や属性を把握する

　外国人患者受入れに向けた院内整備の第一歩は、自院における外国人患者の来院状況を把握することから始まる。いったい、どんな国からどのくらいの外国人が来院しているのか、また、訪日者が多いのか、それとも在留者が多いのか、それらをはっきり掴めなくては、整備の方向性を見定めることすら難しくなる。だが、外国人患者の来院数や入院数、訪日／在留の区別などを明確に把握できている医療機関はきわめて少ないのが現状だ。JMIPの書面調査で提出が求められている「現況調査票」にも、来院する外国人患者数などを記入する項目があるが（**図表3-1**）、JMIP受審病院でも、受審前までは自院の外国人患者数をほとんど把握できておらず、受審を機に、はじめて患者数や国籍、言語などの情報を取りはじめたという医療機関が少なくない。

　そもそも「外国人患者」という定義自体があいまいさを含んでいる。第2章で述べたように「外国人」という概念には、国籍に基づく形式的な面と言語や文化、ものの考え方の相違に基づく実質的な面がある。形式的な面である国籍の収集について

図表3-1 現況調査票

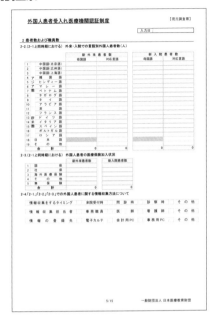

は、地域の事情や歴史背景などから国籍を聞きにくい場合もあるかもしれない。しかし、体制整備をしていく上で欠かせないのは、むしろ「母国語」や「対応可能言語」などの、実質的な意味での「外国人」にかかわる情報である。その患者に今後、どのようなツールや通訳資源を用いて言語対応していくのかを決めるためにも、言語に関する情報の収集だけは欠かせない。そのため、国籍情報の収集が難しいとしても、受付時に「母国語」や「対応可能言語」の情報収集だけはできるようにしておきたい。

　また、「訪日／在留」の区別も重要な項目だが、その情報収

集が難しい場合でも、日本の公的医療保険加入の有無などから、ある程度の類推はできるだろう。さらには、地域に居住する外国人の状況を掴むために、自治体や各地の国際交流協会などに問い合わせてみることも有益だろう。このように医療機関ごとに可能な方法に基づいて、自院を訪れる外国人患者の属性の概要を把握することが、外国人患者受入れに向けた体制整備の最初のベースとなる。

(2) 整備の軸となる対象言語を決める

来院する外国人患者の言語面等を中心とした属性がある程度掴めたら、次には、どの言語を軸として体制整備していくかを決めることになる。特に方向を見定めなくてはならないのは、後述する「院内表示」、「ホームページ」、「院内文書」などに関する多言語対応の方針だ。院内の案内表示を多言語化する場合、どんな言語で表示すべきなのか、ホームページの外国語版は何言語必要か、医療文書はどんな言語版を用意すべきか。来院する外国人の母国語が一つの言語に限られていれば話は簡単だが、様々な国からの来院がある場合、そのすべての言語に対応させることは到底不可能だ。

これに関して、JMIPの評価基準では、「対応すべき外国語は、英語を必須とし、その他、医療機関が必要と判断した外国語とする。」と定めている。整備の当初からいくつもの言語での対応を考えるのではなく、まずは万国共有語的な位置づけの英語での整備を基本に据えればよい。しかし、地域や医療機関の特性によっては、英語以外にも整備対象として欠かせない言語がある。例えば、ブラジル人の集住地域であればポルトガル語での整備は必須だろう。また、ロシアからの医療目的の渡航

患者を多く扱う医療機関であれば、ロシア語での院内表示なども必要となる。このようにして、英語を基本としつつ、地域特性、医療機関特性等を加味しながら、その医療機関としての整備の軸となる言語を決定することで、具体的な体制整備に向けた方向性が定まることになる。

2 言語対応方法のマニュアル化

　外国人患者受入れ体制づくりの中で一番の大きな柱は、言語対応方法の整備である。逆に言えば、言語対応の方法さえ、ある程度確立され、「言葉の障壁」が解除されれば、外国人患者との間でコミュニケーションを成り立たせる術(すべ)が開け、様々な問題解決の糸口が見いだせるようになるはずだ。そして、そのためには、医療機関ごとに最適な言語対応フローを取り決め、すべての職員向けにマニュアル化していくことが大切である。

(1) マニュアル化の重要性

　「マニュアル化」は、JMIPの評価基準においても、大きな柱の一つとなっている。

　そのベースとなる考え方には、外国人患者の受入れ対応を一部の限られた専門部署だけで抱えるのではなく、「病院全体で外国人患者を迎え入れる」という姿勢こそが重要だとの認識がある。そのためには、院内スタッフの誰もが、そのマニュアルに沿って対応していけば、ある程度の外国人患者対応が可能であるような仕組みづくりが欠かせない。これまで多くの外国人患者対応の実績があり、院内にすでに専門の対応部署が置かれているような先進的な医療機関ほど、外国人患者対応マニュアルが全くと言っていいほど作られていないことが多い。そのような医療機関では、外国人患者が来れば、すぐに専門部署に対応を依頼する流れが定着しており、専門部署に頼りすぎている状況がうかがえる。しかし、今後さらに外国人患者数も増え、

国籍も多様化していくのであれば、専門部署への依存だけでは、うまく回らなくなることが予想される。また、専門部署のスタッフ自身も疲弊しきってしまうだろう。そのようなことを防ぐ意味でも、マニュアルの整備は不可欠であると言える。

(2) 外国人患者への言語対応方法をマニュアル化する

　外国人患者受入れ体制を作っていく中で、まずはじめに整備すべきマニュアルは、「言語対応マニュアル」である。院内の各セクションの窓口や診察室内、病棟などで日本語の話せない外国人患者に対応するとき、どのような方法で、コミュニケーションを取ったらいいのか。その対応方法をしっかり取り決め、マニュアル化しておく必要がある。

　日本語を話せない患者に対してのコミュニケーションの取り方の工夫としては、以下のような方法が考えられるだろう。

①外国語会話集や、指差し会話集を利用する。
②タブレットやスマートフォンにダウンロードした翻訳アプリを利用する。
③外国語が話せる院内のスタッフが対応する。
④電話医療通訳サービスを利用する。
⑤医療通訳者派遣サービスを利用する。
⑥院内で雇用された医療通訳者が対応する。

　①については、すでに病院職員向けのいろいろな外国語会話集が市販されており、また、様々なサイト上にもフリーダウンロード可能なものが掲載されている（例えば、国土交通省九州運輸局ウェブサイト http://wwwtb.mlit.go.jp/kyushu/00001_00057.html）。まずはこのような既成のツールを活用し、実際

に使っていく中で、必要に応じて自院に合わせてカスタマイズをしたり、独自のものを作っていけばよい。

②についても「国立研究開発法人情報通信研究機構（NICT）」による「VoiceTra」（http://voicetra.nict.go.jp/index.html）（**図表 3-2**）などをはじめ、多くのものが開発されており、翻訳精度もかなり向上してきている。

③に関しては、外国人患者が窓口に来てから慌てて言語対応可能な職員を探すのではなく、日頃から、外国語対応可能な職員のリストを各部署ごとに作成しておき、すぐに連絡が取れるような体制を作っておくことが望ましい。JMIPの評価基準でもそのような職員の語学力把握は必須事項となっている（**図表 3-3**）。

④、⑤についても、現在、様々な企業や団体、自治体等が電

図表 3-2　「VoiceTra」

図表3-3 評価基準：事務部門の体制

1.1.2.1	事務部門において、外国人患者に対応する体制がある。	（3・2・1）

①外国人患者への対応方法について記載したマニュアルがある。 ◆マニュアルには、通訳（院内スタッフ・院外）の依頼手順やツール（会話集など）の使用方法を記載していること。	（○・△・×）

②診療時間外において、外国人患者への対応方法について記載したマニュアルがある。 ◆マニュアルには、通訳（院内スタッフ・院外）の依頼手順やツール（会話集など）の使用方法を記載していること。	（○・△・×）

③事務部門スタッフの語学力を把握している。 ◆言語対応可能な事務スタッフの名前、言語、語学レベル、部署を記載したリストを作成していること。	（○・△・×）

話医療通訳サービスや医療通訳者派遣サービスを行っている。それらを利用するに際しての留意事項については後述したい。

JMIPの評価基準では、外国人患者対応のために、必ず院内で専門医療通訳者を職員として雇用しなくてはいけないとか、外国人患者に対応する窓口のスタッフが必ず英語ぐらいは話せなければいけないとは定めていない。前述の①〜⑥のような院内、院外の様々な言語対応資源を上手に組み合わせて、各医療機関の状況にあった、適切な対応方法を決定した上で、それをマニュアル化することこそが重要になる。

例えば、外国人患者がたまにしか来院しないような医療機関で、常勤の医療通訳者を雇用することは費用対効果の面でも現実的ではない。その場合は、まずは①や②の手段で対応し、難しいようであれば院内の外国語が堪能なスタッフに対応を依頼する（③）、もしくは④や⑤などの外部資源を活用する、など

が考えられる。あるいは、現状では外国人患者は少ないが、これから先、地域として大幅な外国人の増加が見込まれたり、病院全体の方針として、今後、医療目的で訪日する外国人患者を積極的に受け入れていこうとする意向などがある場合は、計画的に医療通訳者を雇用していく（⑥）ということにもなるだろう。このような医療機関個々の状況や今後の周辺環境の見通し、医療機関全体としての中長期計画等を踏まえた上で、最適な言語対応資源の組み合わせを作り、それをしっかり、マニュアル化し、院内で周知させることがポイントとなる。

なお、言語対応方法のマニュアルを作成する際の留意点を挙げると、下記のようになるだろう。

---

①診療時間内の対応方法と診療時間外の対応方法に分けて記載する。
②対応担当者が不在の場合や対応困難な場合も想定し、その場合の代替先を明記する。
③各連絡先（内線番号等）を明確に示す。
④必要に応じ、言語別に分けて対応フローを記載する。
⑤どのスタッフが見ても即座に対応方法がはっきりわかるように具体的に記載する。

---

(3) 言語対応マニュアルの部署ごとのカスタマイズ

医療機関として、全セクションに共通する言語対応方法のアウトラインをマニュアル化した上で、続いては、それをベースにして、各部署が、部署ごとの実情にあわせてカスタマイズした部署専用のマニュアルを作成することが必要となる。例えば、これまでにもある程度外国人患者の受診があった医療機関など

の場合、院内で統一したマニュアルやコミュニケーションツールはないものの、部署ごとには必要に駆られてすでに何らかのマニュアルやツールが作成されていることがよくある。それが、JMIPの受審に向けて、院内全体での受入れ体制整備を始めたことで、他部門の職員にも知らされたり、場合によっては、JMIPでの訪問調査の際に、サーベイヤーによる現場職員へのヒアリングの中で、はじめて明かされたりする例さえある。このように部署ごとにすでに工夫されている外国人患者対応のノウハウを踏まえて、セクションごとのマニュアルに仕立てていくことが必要だ。

以下、事務、診療、検査、看護（病棟）、薬剤の各セクションに分けて、必要なカスタマイズの要点に言及していく。

(4) 事務部門でのマニュアルのカスタマイズ

事務部門は、言うまでもなく外国人患者とのファーストコンタクトの部署であり、その後の各セクションでの言語対応の道筋を最初につけなくてはいけない部署となる。来院した患者が日本語でのコミュニケーションが十分ではないように見受けられた場合は、その患者の国籍、もしくは母国語や対応可能言語を確認することから始めなければならない。総合案内や初診受付に立つスタッフは、必ずしも語学が堪能である必要はないが、対応言語の識別を行うための簡単な英語等でのやり取りだけでもできるようにするか、あるい指差しツールなどを利用するなどの工夫を考えないといけない。

また、外部の通訳サービスを利用する必要があるかどうかを判断し、必要である場合には決められた手順で依頼を行う。このような個々の外国人患者に対する、院内全体の言語対応の

セッティングに係わる業務が事務部門のマニュアルには求められる（ただし、外国人患者対応の専門部署が用意されている医療機関であれば、まずはその部署への橋渡しまでを考えればよい）。

なお、事務部門の会計に係わる業務に関しては、未収金リスクの軽減にからめて、後述する。

(5) 診療部門でのマニュアルのカスタマイズ

診療部門の場合、英語によるコミュニケーションであれば十分に対応可能な医師は多いだろう。しかし、これは外国人患者に限ったことではないが、医師の場合、ともすれば説明の中で専門用語を多用しがちであり、相手の外国人患者にとってわかりやすい日常的な用語で説明できているとは限らない。ましてや検査や手術等に関するインフォームドコンセント、あるいは重篤な病名の告知など、きめ細かなコミュニケーションが要求される場面では、たとえ英語対応であっても、医師個人の英語力だけに依存するのではなく、専門的な医療通訳者を活用すべきかもしれない。

診療部門の言語対応マニュアルは、そのような診療場面の各シーンに応じた言語対応の使い分けを想定して、専門医療通訳者の介在の必要性を感じたとき、どのような手順で依頼をかけ、利用するのかなどの、フローや判断基準を含めた内容で作成していく必要がある。

(6) 検査部門でのマニュアルのカスタマイズ

検査部門の場合、放射線管理区域などでは、通訳者が患者と同伴で検査室に入室することはできないため、検査直前までは

通訳者を活用できても検査室内では検査技師だけで何とか外国人患者とコミュニケーションを取らなければならないことになる。また、「息を吸って」「息を止めて」などの動作の指示を、即座にリアルタイムで伝える必要があり、電話通訳や、翻訳アプリ等ではタイミングが間に合わず、利用しづらい。検査機器自体に多言語での指示の音声が流れるように装備されている場合もあるが、そうでない場合は、検査技師自身で簡単な指示の単語だけでも外国語対応できるようにしておく必要があるかもしれない。

比較的外国人患者が多い医療機関では、それ以外にも、いくつかの工夫が考えられている。例えば、①簡単なジェスチャーとその意味（指示内容）を検査前に外国人患者に伝えた上で、検査中はそのジェスチャーを使って指示をする、②検査の手順を外国語で紹介する簡単なビデオを検査部門で自作し、それを検査前に外国人患者に見てもらう、などである。このような検査部門の特性を踏まえた上で、言語対応マニュアルの内容を考えていかなくてはならない。

(7) 看護部門でのマニュアルのカスタマイズ

看護部門、特に病棟の看護は、外国人患者と最も長い時間にわたって、近い距離でコミュニケーションを図ることが求められる部署である。ここでも様々な言語対応ツールや資源を駆使して、外国人の入院患者と対応しなくてはならない。病棟生活や看護内容に関する説明、または入院中の検査に関する説明など、ポイントとなる伝達場面では、院内外の通訳者や電話通訳サービスなどを活用して、正確なコミュニケーションを行うことが重要だが、入院生活の細部にわたるやり取りや、日々の挨

拶などでは、多少なりとも人対人の直接的なコミュニケーションが不可避となる。

そのため、できれば簡単な日常会話の数語程度だけでも、外国語で交わせるようにしておくことが望まれる。たとえ日常の挨拶の言葉だけでも母国語で話しかけられることで、入院している外国人患者にとっては、かなり気持ちが和らげられることだろう。

また、後述するが、災害発生時に、外国人患者に状況を即座に伝え、落ち着かせて安全に避難誘導するのも病棟看護師の大切な役割の一つとなる。その際の外国人患者への状況伝達手段、指示手段も事前に取り決め、マニュアル化しておく必要がある。

(8) 薬剤部門でのマニュアルのカスタマイズ

薬剤部門においても、基本的な言語対応方法は他部門と同様であるが、コミュニケーションが取りづらい外国人患者に対しては、薬剤の誤飲事故などを防ぐためにも、服用方法の説明などを外国人患者にわかりやすく伝えることが特に大切になる。現在、イラストなどを多用した指差し会話集などもいくつか作成され、Web上で公開されているので活用したい(「石川県薬剤師会」ウェブサイト http://www.ishikawakenyaku.com/yakuzaishi/contents/language/language_index.html など)。

さらには、薬袋に記載する服薬方法にも外国語表記があることが望ましい。服薬方法や服薬時間などを数種類の外国語で表記したシールを用意し、外国人患者の言語に応じて薬袋に貼りつける、などの工夫をしている医療機関もある。前述の石川県薬剤師会のウェブサイトにも、薬袋の外国語表記のための作成支援ツールが掲載されている。また、薬袋に直接、外国語表記

を印刷するシステムも開発されており、すでに国立国際医療研究センター病院では、オーダーリングシステムと連動させて、英語表記の薬袋が自動印刷されるシステムを導入している。

また、外国人患者に院外処方についてわかりやすく説明したり、外国語対応が可能な近隣の薬局について案内したりする方法も考えておくとよい。院外処方の説明については、後でふれる厚生労働省の「外国人向け多言語説明資料」のサイトに例文が多言語で掲載されているので参照されたい。以上のような、様々なツールを利用して、薬剤部として外国人患者に対応する方法を工夫し、それらをマニュアル化していってほしい。

(9) 院内のマニュアルの規格化・一元管理化

以上、述べたように、医療機関全体としての言語対応方針を全部門共通のベースとした上で、各セクションごとの特性に合わせて工夫を施したマニュアルを作成し、部門のスタッフ全員でしっかりと共有しておく必要がある。勿論、それぞれの現場でのカスタマイズが必要とは言っても、部門ごとに全く不統一なマニュアルを作成しても構わないということではない。言語対応の基本線は共通し、フォームもある程度規格化しておくことが望ましい。また、外国人患者対応の担当部署ないし担当者の下で、各部門のマニュアルが集約され、一元管理されていることも必要である。

マニュアルは一度作成すれば、完成、というものではない。実際に稼働させていく中で、実情との食い違いがでてきたり、さらなる工夫が考え出されたりすれば、適宜、改修されていかなくてはならない。ことに外国人患者対応の場合、訪日外国人および在留外国人の動向や、医療機関としての外国人患者受入

れ方針の変更など、内外の環境の変化に合わせて、言語対応方法もその都度、最適化していかなくてはならない。そのようなことを院内全体の課題として検討し、全部門のマニュアルに反映させていくための集約化・統一化が必要となるのである。

なお、そのようなマニュアルのバージョンアップを管理していくためにも、マニュアル上に作成年月日・更新年月日を明記することも忘れてはならない。

(10) 言語対応の心理的作用について

以上、外国人患者への言語対応フローの確立について述べてきたが、言葉の問題の大切さを考えさせる次のような例がある。

入院中、ずっと寡黙で塞ぎがちに過ごし、鬱的な状態が続いたため、その精神状態が病状にも影響を与えていた女性の外国人患者が、ある日、母国語で語りかけてくれる医療通訳者に出会った途端に、人が変わったように話し出し、おしゃべりで陽気な性格の患者に一変した。彼女は変わったのではなく、本来の自分を取り戻せたのだ。

言語とは単なるコミュニケーション手段、などというものではなく、人格面にすら作用する。例えば、私たちは、自分たちの国の言葉が理解できない外国人に対して、「理解力がない」と受け取りがちであり、知らず知らず相手を見下してしまう傾向がある。また相手側もそれを感受して自分が馬鹿にされているように感じ、自尊心を傷つけられる。言語の問題はこのように、相手の人格に対する認知や、自己イメージにも大きく影響を与えている。医療従事者は、外国人患者と接するとき、言語対応が人間の心理面に与える上記の例のような作用についても、あらかじめよく心得ておく必要がある。

3 院内表示の多言語化

(1) 院内表示多言語化の方針を決める

外国人患者対応の整備を考え始めた医療機関にとって、最も頭を悩ませるテーマの一つがこれであろう。担当者の頭を悩ませるポイントは3つある。

① いくつの言語で表記すればよいのか。
② 院内のすべての表示を多言語化する必要があるのか
③ 日本語表示のみの表示板や看板を、多言語化されたものにまるごと変えなくてはならないか。

①については、1(2)で述べたとおり、英語を基本としながらも、各地域や各医療機関の特性上の必要に合わせて、選択すればよい。ただし、院内表示は遠くからでも見やすくすることが大切であり、何か国語も欲張って併記して見づらくなってしまっては元も子もない。英語併記のみ、または英語も含めて2〜3言語までの外国語併記が限界ではないだろうか。

②については、特に大規模病院の場合など、院内表示の箇所がかなりの数に上り、すべてを多言語化しようとすれば、多額の費用と手間を強いられる。勿論、そのすべてが多言語化されていることが理想ではあるものの、やはり現実的とは言えない。また、表示箇所によっては、小さく見づらいフォントサイズでしか併記できなかったり、無理やり併記することで、かなり混雑した印象になり、全体が非常に見にくくなったりする場合も多い。

JMIPの評価基準では、このようなことを考慮し、ポイント

となる多言語化すべき箇所を最低限のラインとして提示している(**図表 3-4**)。「ポイントとなる箇所」とは、ⅰ)各フロアの案内図、ⅱ)各窓口表示(総合受付・初再診受付・会計・薬剤窓口等)、ⅲ)病棟内各所(ナースステーション・浴室・更衣室など)、ⅳ)危険区域(放射線管理区域、汚物室など)、立入禁止区域などである。これらのポイントについては、次項以降で詳述する。

③についても、看板や掲示板のまるごとの付け替えとなれば、相当額の費用がかかってしまう。JMIPにおいても、外国語表記をあとから追記する場合、テプラシールなどを活用する方法であっても、しっかりと剥がれないように固定され、見やすく掲示されてさえいれば問題ないとしている。当面はそのような方法で対応し、次回の院内改装時などに合わせて、多言語併記の新しいものにリニューアルする計画を立てればよい。

図表 3-4 評価基準:案内表示の整備

2.3.1.1	外国人患者に配慮した院内案内図・案内表示を整備している。	(3・2・1)
	①院内案内図を、日本語および外国語で表記している。 ◆院内案内図とは、各階のフロア案内図である。	(○・△・×)
	②院内の案内表示を、日本語および外国語で表記している。 ◆院内の案内表示とは、各窓口(総合受付・会計・各科受付・処方せん受付など)や各部屋(検査室・病棟・更衣室など)の表示である。	(○・△・×)
	③院内における立ち入り禁止区域への制限について、日本語および外国語で表記している。 ◆立ち入り禁止区域とは、危険区域、関係者限定区域である。	(○・△・×)

(2) 外国人患者に場所をわかりやすく伝える

次に、院内表示の多言語化のポイントとなる箇所について、具体的に述べる。

はじめて来院した外国人患者の立場に自分の身を置いて考えてみよう。病院の正面玄関をくぐり、院内を見まわし、まずはじめに自分はどこに行ったらよいのかを判断しようとすれば、どうしても自分が読める言語で書かれた表示を頼りにせざるを得ないことになる。その意味で、窓口表示、特に、1階のカウンター周りの表示は、外国語表示が欠かせない箇所となる。

ついで、外国人患者が、次に向かうよう案内された受診診療科の窓口に移動しようとする場合、フロア案内図などでルートを確認しようとするだろう。院内に専門の医療通訳者が雇用されており、外国人患者が来院した際は受付から診療、会計まで一人の通訳者がたえず同伴し続ける、という医療機関であればあまり問題にはならないが、そうでなければ（ほとんどの医療機関がそうではない）、外国人患者が独力で、院内の目的の場所までたどり着けなければならない。その場合の重要な情報源としてフロア案内図をわかりやすく外国語表示することは欠かせない。その際は、案内図上の主要な場所の外国語表記とともに、「現在地」の表示を外国語表記することも忘れてはならない。

(3) 外国人患者に危険を注意喚起する

JMIPのテーマにも「外国人患者が安心・安全に」受診するために、と謳われているように、院内の危険箇所を外国人患者にわかりやすく注意喚起することは、外国人患者受入れの体制づくりの中でも最重要課題の一つであると認識してほしい。例

えば、放射線管理区域のドア表示では、「staff only」だけの表記で終わらせるのではなく、「radiation controlled area」などのように、ここが放射線管理区域であり、指示があるまで入ってはいけないことを日本語と同様にしっかりと表記する必要がある。また、併せて、検査に関する注意事項の箇条書きの表示なども外国語表記しなくてはいけない。

　また、病棟にある「汚物室」または「洗浄室」などについても、同様である。このような場所は通常は施錠されていることが多く、患者さんが入る可能性はほとんどないので「staff only」程度でよいのではないかと考えらえるかもしれない。だが、「staff only」の表示のあるドアが万が一施錠されていなかったり、少し開いていたりした場合、外国人患者が何らかの事情で困っているときに、「中にスタッフがいるかもしれない」と考えて、入室しようとする可能性は十分考えられる。日本人患者以上に勝手がわからない外国人患者の不意の行動の可能性を予測し、安全上または衛生上、絶対入室してもらいたくない場所については、「こういう場所だから入室できない」旨をはっきり表示することが必要である。

(4) その他の多言語表示のポイント

　それ以外にポイントとなる箇所としては、個人のプライバシーに係わる部分がある。検査室などに付随する更衣室や、病棟の入浴室、シャワー室などのドアに、どういう部屋であるかを外国語で表示する必要がある。また、「空室／使用中」などの表示も外国語併記にしておくことは、患者同士のトラブル防止のためには欠かすことができない。

　また、後の「8　災害時・緊急時の対応」でもふれるように、

自然災害の多い日本において、発災時に外国人患者を安全に避難させるための配慮は、外国人患者受入れ体制における主要な整備項目の一つと言ってよい。そのため、院内の各所に掲示されている避難経路図は必ず外国語併記されていなければならない。

さらに、費用に関する掲示としては、「選定療養費に関するお知らせ」などは、事前にしっかり外国人患者に通知すべき内容であり、支払時のトラブル回避のためにも外国語表記することが望まれる。

以上のような常設の表示だけではなく、臨時の掲示物についても、同様の考え方から、外国語表記を考慮する必要がある。院内にはいくつもの掲示板があり、そのときの必要に応じて様々な内容の掲示物が貼られていくが、そのすべてに対して外国語版も同時に作成して掲示することはスペースの面からも難しい。しかし、「感染症に関するお願い」のような日本人・外国人を問わず、すべての方の安全面・衛生面に係わる表示については、外国語での表記が不可欠であることは言うまでもない。

(5) 院内設備に関する説明表示

院内、特に病棟等に設置されている様々な設備や備品（トイレ、給湯器、洗濯機、テレビ、ゴミ箱など）についても、利用の仕方を外国語で説明する必要がある。このような病棟内の設備や備品については、「入院のしおり」などで利用方法が記載されていることが多いので、「入院のしおり」の外国語版を作成すれば、ある程度はカバーできる。ただし、やはりこれらについても、「安全面」「衛生面」に係わるような説明については、「入院のしおり」とは別に、現場にも説明表示を設置すること

が望まれる。例えば、トイレに関しては、国によっては洋式トイレの使い方がわからず、誤った使い方によって不衛生になるリスクが十分ある。そのため、外国語表記された説明表示を現場に設置したほうがよい。また、給湯室で、熱湯が出るような場合は、「熱湯注意」などの注意喚起を外国語表記しておくことも忘れてはならない。ゴミ箱も、分別の不徹底によって、衛生上の問題が発生することを防止するために、分別表示を外国語表記すべきである。さらには、ナースコールや非常用ボタンなどにも、外国人にわかりやすい表記が望まれる。

　なお、院内設備とは少し違うが、小児科の外来や病棟の場合、外国人の小児患者を想定して、英語や中国語などの外国語で書かれた絵本を外来の待合室や小児病棟のプレイルームに備えておくことなども是非、検討してみてほしい。

4 ホームページの多言語化

　外国人の大半は日本国内の医療機関情報を Web 経由で得ていることが多いと思われる。そのため、ホームページの多言語化も欠かすことができない重要な整備項目である。しかし、これにもある程度の費用がかかる。JMIP の基準では、必ずしも日本語サイトと同様の内容で外国語サイトを整備することを求めてはいない。最低限のコンテンツとして、医療機関の連絡先、アクセス方法、診療科の表記のみを挙げている（**図表 3-5**）。

　例えば、手始めとして、これらの情報だけでも英語ページを作成し、その後順次、必要な情報やページの追加を行っていけばよい。ただし、両方のサイトに共通する情報は、必ず、日本語サイトとなるべくタイムラグがないように外国語サイトもアップデートされていく必要がある。JMIP の評価基準でも、日本語サイトと外国語サイトの情報の整合性が評価ポイントの

図表 3-5 評価基準：広報ツールの整備

1.1.1.1	外国人患者向けの広報ツールが整備されている。	（3・2・1）
	①ホームページ（電子媒体）には、英語および医療機関が必要と判断した外国語で、情報を記載している。 ◆ホームページには、医療機関の診療科、連絡先、アクセスを記載していること。	（○・△・×）
	②日本語のホームページと外国語のホームページの内容の整合性が取れている。 ◆日本語のホームページの更新日時と内容、および外国語のホームページの更新日時と内容によって整合性が分かること。	（○・△・×）

一つとなっている。

　また、Webページの多言語化の表記方法として、Googleの自動翻訳サービスを利用する医療機関も散見されるが、Google翻訳エンジンは精度がかなり向上してきているとはいえ、やはり誤訳のリスクは十分に存在する。ことに正確性が要求される医療にかかわる情報においては、Google翻訳の利用は、あまり推奨できない。また、Googleの自動翻訳で、医療機関のホームページが何十か国もの言語で翻訳ができてしまうと、それらの言語での対応をしてもらえる医療機関であるとの誤解も外国人に与えかねない。むしろ上述のように、最低限のコンテンツからでも、十分に言語チェック・医療チェックを通した情報をアップロードし、その後、少しずつ拡張していく方法をお奨めしたい。

5 各種医療文書の整備

　第2章で説明したように、JMIPの調査では、訪問調査前に行われる書面調査において、医療機関で実際に外国人患者向けに使用している各種文書の提出を求めている（P.49、**図表2-6**）。

　しかし、これまでの受審医療機関においても、これらの医療文書類が受審前からすべて整備されていたというような例は一つもない。ことに、すでに院内に医療通訳者を配置しているような先進的な医療機関ほど、日本語版の文書の内容を、必要な場面ごとに医療通訳者が直接口頭で外国人患者に通訳できてしまうため、あまり翻訳の必要性を感じていなかったという場合が多い。だが、日本人患者に渡したり、読んでもらう必要のある文書類は、外国人患者にも同様にその必要があるはずである。とりわけ、訴訟社会とも言われるアメリカを筆頭に、証左としての文書を日本人以上に重要視し、その発行を求める外国人患者は少なくはない。そのため、外国人患者向け医療文書の整備は、外国人患者受入れのための準備において、大きな要の一つとして位置づけなければならない。

　一方では、多種類に及ぶ医療文書のすべてにおいて翻訳版を整備することは、容易ではない。まずは、必要な文書をすべてリストアップし、優先順位を付けた上で、上位のものから順次、また必要に応じて、作成していけばよい。優先順位のつけ方としては、比較的、外国人患者の受診が多い診療科のものや、全科共通の汎用性の高いものから上位に置いていくのが一般的ではないかと思われる。

また、多くの外国人患者向け文書類については、現在、Web上で様々な自治体、団体等から雛型が公開されている。特に厚生労働省においては「医療機関における外国人患者受入れ環境整備事業」の中で、英語・中国語・韓国語・スペイン語・ポルトガル語の各言語に日本語併記した各種医療文書が作成され、同省のウェブサイト上に掲載されている（厚生労働省「外国人向け多言語説明資料」https://www.mhlw.go.jp/stf/seisakunitsuite/bunya/kenkou_iryou/iryou/kokusai/setsumei-ml.html）。すべての医療機関が自由に利用可能なので、各医療機関の状況に合わせてカスタマイズした上で活用されることをお奨めしたい。

　以下、いくつかの主要な院内文書について、上記の厚生労働省の雛型も参照しながら、要点を説明していこう。

(1) 診療申込書

　診療申込書は、言うまでもなく、外国人患者から必要な情報を収集するための最初のツールとなる。基本的には日本人患者向けのものと同じ項目ではあるが、外国人患者特有の項目もいくつか設ける必要がある。患者の「母国語」および「母国語以外の対応可能言語」などの項目は欠かせない（先述のように、国籍の記載欄については、地域の在留外国人の状況や医療機関ごとの考え方や方針もあり、必須とまでは考えない）。また、本人以外の緊急連絡先に関する記載欄も必須だが、氏名、住所、電話番号、続柄等とともに、患者本人同様、母国語や対応可能言語欄があることが、いざというときの連絡のためには望ましい。さらには、宗教や文化特有の理由からの、医療行為に関する特別な希望（イスラム教徒の場合、同性の医師を希望する、

など)の記載欄や通訳希望の有無の欄なども欲しい。また、支払いに関するトラブル防止のためにも、事前に支払方法の確認欄があるとよい。医療保険の有無の確認においては、日本国内の公的医療保険だけでなく、旅行保険や海外の医療保険の加入の有無についても確認する必要がある。

(2) 問診票

専門医療通訳者の利用が難しいような状況では、外国人患者から診断のための正確な情報を得る手段として、外国語で記載された問診票を使用することが有効である。問診票の質問は、

図表3-6 内科問診票

医療者側が、外国人患者が回答した内容をその場で即座に理解できるように、選択式の質問形式を基本とし、なおかつ質問文を日本語併記にしておくことが望ましい(**図表 3-6**)。先に述べたように、まずは比較的外国人患者の受診が多い診療科のものから作成をはじめ、次第に全診療科を網羅していくスケジュールを立てればよい。

(3) 治療内容・検査内容等の説明書および同意書

インフォームドコンセントの重要性は言を俟たないが、海外では「診療も契約行為の一つである」という認識が強く、日本人患者以上に、治療や検査に関して十分な説明を受けた上で、患者側が納得しながら治療が進んでいくことを当然と考えている外国人患者は多い。そのため、治療内容や検査内容に関しての説明文書と同意書を外国語版で用意しておくことが必要となる。

しかし、説明書や同意書の種類は、かなり多岐にわたっている。とりわけ大規模な総合病院などでは、数百種類にも及ぶ場合がほとんどだろう。これらについても、系統的なリストアップと優先順位付けを行い、順次、翻訳版の作成を進めていく方法が現実的だろう。

なお、説明書や同意書の表記は、問診票と同様に、外国語に日本語を併記させたものが望ましい。医療者と患者の双方で、同じことが書いてある場所をたどりながら、内容を確認しあっていくことが容易になる。また、英文などの同意書の署名欄については、外国人患者によって書かれた署名は判別しづらい場合が多いので、署名欄とは別に、ブロック体で氏名を書いてもらう欄も設けておくとよい(**図表 3-7**)。

図表 3-7 輸血療法に関する同意書

患者氏名：
患者ID：

English/英語

Consent Form for Transfusion Therapy
/輸血療法に関する同意書

If you agree to receive transfusion therapy, please place your signature below.
/輸血療法に同意される場合には、以下の欄にご署名下さい

I acknowledge that the doctor has thoroughly explained transfusion therapy and the risks, showing me the "Explanation of Transfusion Therapy" form, and I have understood them. I have also confirmed the content of "the types and volume of prospected blood transfusion" as described below. On the basis of this understanding, I authorize the administration of transfusion therapy. (I understand that even if I consent to transfusion, I am free to withdraw my authorization at any time.)

I also authorize the doctor in charge to suspend transfusion therapy or to change the type of transfusion therapy indicated in the section on the following "the types and volume of prospected blood transfusion," in case I am in a life-threatening emergency or it is determined that a blood transfusion is critical for treatment.

/私は、輸血療法とその危険性について「輸血療法に関する説明書」を用い十分な説明を受け、理解しました。下記の「予定される輸血の種類と量について」に記入された内容についても確認しました。そのうえで、輸血療法を受けることに同意します。（同意された場合でも、いつでも撤回することができます。）

また、担当医の判断で輸血療法を中止する場合があること、及び、生命を脅かす緊急事態の場合や治療経過中に輸血が必要と認めた場合に、担当医の判断によって下記の「予定される輸血の種類と量について」に記入された内容とは異なる輸血療法を行うことがあることにも同意いたします。

■**The types and volume of prospected blood transfusion/予定される輸血の種類と量について**

① Types/輸血の種類
  □Autologous blood/自己血 □Red cell products/赤血球製剤
  □Platelet products/血小板製剤 □Fresh frozen plasma/新鮮凍結血漿
  □Others/その他（   ）

②Volume/輸血量 ： _____(ml)

Date of Consent/同意日：   Year/年   Month/月   Day/日
Patient Name/患者氏名：   (Please print/アルファベット・ブロック体)
Patient Signature/患者署名：
Address/住所：
Representative Name/代理人等氏名：   (Please print/アルファベット・ブロック体)
Representative Signature/代理人等署名：   (Relationship to the patient/続柄)
Address/住所：

輸血療法に関する同意書　2018年3月版

(4) 海外医療機関からの診療情報の取寄せに関する同意書

　訪日外国人患者の場合、治療に際して、母国の医療機関での診療情報を入手する必要が生じる場合がある。あるいは在留外国人患者であっても、来日前の診療情報が必要となる場合は十分に考えられる。その際は、母国の医療機関からの診療情報の提供について、患者本人から同意を取り付ける必要があるため、診療情報共有に関する同意書のフォームを外国語版で作成しておかなくてはならない。

(5) 概算費用書

　治療に関する同意書の項でも述べたように、「診療も契約行為の一つ」という認識の下、事前に医療費を確認したいという要望が外国人患者から示されることは多い。そのため、そのようなときに備えて、概算費用書の外国語版フォームをあらかじめ作成しておく必要がある。このような概算費用書の事前の呈示により、全額を支払うことが難しそうな場合の対応を早期から患者と話し合うことも可能となり、未収金の軽減にも役立つ。ただし、概算費用書には、支払時のトラブル防止のためにも「これがあくまで概算であり、検査や治療の状況により、実際の費用額とは異なることがある」という旨を必ず明記したい（図表3-8-1、2）。

　なお、費用の見積もりにあたっては、診療部門と連携し、検査内容・治療内容が決定次第、共有してもらうように依頼しておくことも大切である。

(6) 診断書・診療情報提供書

　以上のような常時用意されている文書類とは別に、外国人患

図表 3-8-1 概算医療費①

English/英語

Estimated Medical Expenses
/概算医療費

Patient name/患者氏名 :
Diagnosis/診断 :

Items included in Medical Expenses /医療費における費用項目	First/subsequent visit fees /初・再診料	Admission charges, etc. /入院料等	Diagnostic procedure combination (DPC) /DPC	Medical supervision charges, etc. /医学管理料等	Home medical care /在宅医療
	¥/円	¥/円	¥/円	¥/円	¥/円
	Examinations /検査料	Diagnostic imaging /画像診断	Medication /投薬料	Injections /注射料	Rehabilitation /リハビリテーション
	¥/円	¥/円	¥/円	¥/円	¥/円
	Specialized psychiatric treatment /精神科専門療法	Medical treatment /処置料	Surgery /手術料	Blood transfusion /輸血料	Anesthesia /麻酔科
	¥/円	¥/円	¥/円	¥/円	¥/円
	Radiotherapy /放射線治療	Pathological diagnosis /病理診断	Dental crown restoration / Prosthodontics /歯冠修復・欠損補綴	Prescriptions /処方せん料	Dietary therapy /食事療養費
	¥/円	¥/円	¥/円	¥/円	¥/円
	Documentation /文書料	Delivery charges /分娩料	Extra room charges /特別室料	Special or specified medical care coverage /保険外併用療養費	Others /その他
	¥/円	¥/円	¥/円	¥/円	¥/円
				Total/合計	¥/円

概算医療費:2018年3月版

図表 3-8-2 概算医療費 ②

患者氏名 ：
患者ID ：

English/英語

The above items included in the medical expense are set on the basis of the health insurance system.
/医療費における費用項目は、医療保険制度に基づいて設定されています。

Please note that the total medical expense calculated above is an estimate. The actual charges may differ from the estimate, because examinations and treatments are performed depending on your condition. In addition, the charges may vary for any of the following reasons:
概算医療費は、あくまで概算です。検査および治療等については患者の病状に合わせて行いますので、実際の費用は、医療費用と異なる場合があります。
なお、以下の内容により支払い料金も異なります、ご了承ください。

- If you have a Japanese health insurance certificate, your charges will be calculated in accordance with the health insurance system. Please pay the charges after receiving treatment.
 /日本の医療保険証をお持っている方は、医療保険制度に準じた料金となります。診療後に料金をお支払いください。
- If you do not have a health insurance certificate, you are responsible for all of your medical expenses. Please pay the invoice that we give you after treatment.
 /医療保険証がない場合は診療費が全額自己負担となります。診療後に請求書をお渡しします、ご精算ください。

本資料は、日本の医療事情を分かりやすく作成しておりますが、日本と他国の医療や慣習の違いにより解釈の違いが生じると思われ、日本語を基本とします。
This English translation has been prepared under the supervision of doctors, legal experts or others. When any difference in interpretation arises because of a nuanced difference in related languages or customs, the Japanese original shall be given priority.

概算医療費：2018年3月版

者のリクエストに応じて作成する診断書、診療情報提供書などについては、その都度、必要に応じて対応できるように、翻訳・作成フローを決めておかなくてはいけない。英語の診断書等については、担当医師が英語が堪能な場合には、直接作成するケースが多いだろうが、そうでない場合や、英語以外の言語でのリクエストの場合は、外部の翻訳会社に翻訳を依頼することになるだろう。そのような場合のために、日頃から依頼する翻訳会社を吟味し、決定しておくことが必要となる。

　後の項目で、外部の医療通訳者を利用する際の通訳の質の担保について述べるが、翻訳会社についても、どのような技能や経歴をもった翻訳者が担当するのか、ネイティブチェックやメディカルチェックをしっかりかけてくれるのか、などを事前に確認してから利用すべきである。また、納品された翻訳文書について、可能であれば、院内でも再度、メディカルチェック等を行うことが望ましい。

6 外国人患者受入れに伴うリスク回避策

　外国人患者の受入れを医療機関側がためらう主な要因として、言葉の障壁とともに、様々なリスクの存在が挙げられるだろう。厚生労働省が2016年度に1,700以上の医療機関に対して実施したアンケート調査でも「外国人患者の受入れに当たり、現在負担となってることや、今後不安な点」（複数回答可）として、1位の「言語や意思疎通の問題」（84.5％）に次いで、「未収金や訴訟などのリスク」（63.9％）が挙げられている（**図表3-9**）。

図表3-9 外国人患者の受入れに当たり、現在負担となっていることや、今後不安な点

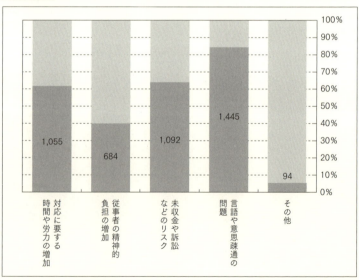

「医療機関における外国人旅行者及び在留外国人受入れ体制等の実態調査」（平成28年厚生労働省）

だが、好むと好まざるとに関わらず、外国人患者は来院する。そして今後、その数は増え、国籍も多種多様になっていく。何もしなければ、リスクは高まる一方なのである。そのため、外国人患者受入れに伴うリスクの軽減策を考えることの必要性は、国内のいずれの医療機関も例外ではないと言ってよい。

（1）未収金リスクの軽減に向けて

昨今、一部の訪日外国人による日本の公的医療保険の悪用や身分の偽装による支払いトラブルの問題がクローズアップされ、政府（内閣官房）の「訪日外国人に対する適切な医療等の確保に関するワーキンググループ」でも中心課題の一つとして議論されている。しかし、外国人患者の支払いトラブルの要因の多くは、このような悪意に基づくものというよりも、患者・医療機関双方の、医療に関する考え方の相違や、ミスコミュニケーションに根差す場合が多い。そのために、双方に意図せずして不幸な事態が生じがちである。

JMIPの評価基準の中では、このようなトラブルを未然に防いだり、最小限にするために、「支払方法について外国人患者に明示している」（「1.2.1.3」）ことと、「外国人患者の未収金発生防止について検討している」（「1.2.1.4」）ことの2項目を評価項目として置いている（**図表3-10**）。

医療費の支払い方法については、前述の「診療申込書」や「概算費用書」においても説明したように、なるべく早期の段階で、双方で確認しあうことが肝要である。受付の段階で、医療機関側から対応可能な支払方法を明確に呈示できるようにしておくことが大切だ。利用可能なクレジットカードやデビットカードの種類をマークなどで会計窓口に明示しておく。また、

図表3-10 支払方法の明示・未収金発生防止

1.2.1.3	支払方法について外国人患者に明示している。	(3・2・1)
	①対応可能な支払方法を、会計窓口に提示している。 ◆クレジットカードが使用可能な場合、使用可能なクレジットカード会社を記載していること。使用不可の場合は、その旨を記載していること。	(○・△・×)
	②外国人患者の支払いや必要書類の対応について、相談窓口を提示している。 ◆会計窓口において、外国人患者の支払いや海外保険に関する相談の担当者または担当部署を案内できること。	(○・△・×)
1.2.1.4	外国人患者の未収金発生防止について検討している。	(3・2・1)
	①未収金事例の記録を残している。 ◆記録内容とは、患者情報、日時、金額、後追い記録などである。	(○・△・×)
	②未収金発生防止策を議論している。 ◆議論は、議事録によって日時・参加者・内容を確認できること。	(○・△・×)

外国人患者側からも診療申込書での質問などを通して、予定している支払手段を事前に確認しておく。特に全額自費払いの患者の場合は、できれば、患者の所有するクレジットカードや、パスポートなどの提示も求め、診療申込書の記載との一致などを確認した上で、コピーを取っておく。

また、診察後、費用の概算が見積もれた時点で、患者側に概算額を伝え、支払い可能であるかどうかを確認する。もし支払困難が予想されるようであれば、同行者による立て替えや、分割払いなど、実行可能な代替法を決めていく。場によっては

大使館(領事館)にも連絡を取り、支援を依頼する。以上のような一連の対応を外国人患者相手に実施することは、言語対応の問題もあり、すべての医療機関に望むことは難しい。しかし、自院の外国人の来院状況を踏まえて、可能な限りでの対応策を日頃から議論し、できることから始めていくことなら、どの医療機関でも可能であるはずだ。

(2) 医療通訳の必要性について

医療の現場で、日本語でのコミュニケーションが困難な外国人患者を受入れる場合、(院内雇用または外部の)医療通訳者に一切頼らずにやっていくことは難しいし、無理をして乗り切ろうとしても、いろいろなリスクを伴わざるを得ない。前述したように、医師がある程度英語ができたとしても、ICや重篤な病状の説明など、よりきめ細かく正確なコミュニケーションが要求されるようなシーンでの言語対応までは医師の手に余るという場合も多い。ましてや、他の言語圏の患者を相手にするとなれば全くのお手上げだろう。

また、医師の説明は一方向的になりやすく、患者側も本当はうまく理解できていないのに「わかった」などと生半可な返事をしがちである。これは外国人患者に限らないとはいえ、言葉の壁がある分、そのリスクはより高いと言える。患者自身が片言の日本語を話せる場合もあり、その場合、医療者も何とか、日本語でのコミュニケーションを図ろうとしがちだが、このように双方がなんとなくわかったような気になって治療が進んでいくことほど、リスクの高いことはなく、アクシデントにも結びつきやすい。

このようなハイリスクな状況を回避するためには、医療の現

場は、通訳の専門技能と医療の知識を十分身につけた専門医療通訳者をもっと積極的に利用すべきである。患者サイドから考えても、異国の地で病気になり、言葉も通じず、心細い思いを抱いているとき、母国語で語りかけてくれる医療通訳者の存在は、計り知れない安心感を与えてくれることだろう。

(3) 医療通訳者の現状と課題

だが一方で、医療通訳者の利用をめぐる状況には、現在、多くの課題が山積している。まず費用負担の問題がある。医療通訳者の利用に伴う費用を負担すべきなのは医療機関側だろうか。患者側だろうか。または行政の側だろうか。これについては、行政側からは現在、明確な指針等は出されていない。また、現状では、医療機関側で全額負担をしている場合、患者側に全額請求する場合、医療機関と患者で折半する場合など、対応の仕方も医療機関ごとに様々だ。患者側が負担を強いられるケースでは、当然のことながら、費用がかかるのであれば、医療通訳の利用を拒否したい、という外国人患者も少なくはない。

次に、医療通訳者の報酬と社会的ステータスの問題がある。近年、次第に医療通訳の有用性が医療現場で認識され始めてきたとはいえ、まだまだ、その専門性に対する医療者側からの認知度は低く、社会的ステータスも高くはないのが現状だ。そのため、医療通訳者に与えられる報酬額は、法廷通訳者など、他の専門通訳者と比べてもかなり低い水準にとどまっている。このような状況下では、高い専門性を習得してプロの医療通訳者を目指そうとするモチベーションを維持することは難しく、結果として、これまで医療通訳の役割は、地域ごとのコミュニティ通訳の範囲内で、ボランティアレベルの通訳者が担ってき

たのが現状である。しかし、ボランティアの通訳者が医療現場で要求される高い専門性や責任をその身に負うことには限界がある。

このような状況の打開策の一つとするべく、厚生労働省は2013年度に「医療機関における外国人患者受入れ環境整備事業」の一環として、医療通訳者の専門技能に対する指針ともなる「医療通訳育成カリキュラム基準」の作成を行った（2017年度に改訂／**図表 3-11**）。また、このカリキュラム基準に基づく標準テキストも作成され（テキスト「医療通訳」／2017年度に改訂版）、各地で、カリキュラム基準に基づいた医療通訳

図表 3-11 医療通訳育成カリキュラム基準（抜粋）

医療通訳育成カリキュラム基準（育成カリキュラム実施要領）

「医療通訳育成カリキュラム基準」は、医療現場で専門職者として機能する医療通訳者を育成するための実施要領である。本基準は、医療通訳者の役割、持つべき知識や能力、技能について明示し、そうした医療通訳人材を育成するための実施規定（受講条件、修了条件、研修形式、カリキュラム内容と時間数、実務実習）を提示する。

本カリキュラム基準は、医療通訳者を養成する「養成機関」、医療通訳者を雇用および派遣する「派遣機関および雇用機関」が研修や派遣を実施するにあたって活用することを想定している。

1. 医療通訳者の役割

- 医療、保健分野における必要な関連知識や語彙、能力と技能を持ち、診療等の場面において、言葉の媒介者として、話し手の意図を正確に理解して、聞き手にその内容を忠実に伝え、対話者間の効果的なコミュニケーションを可能にする
- 言語的、文化的、社会的に異なる医療従事者と患者等の間に入り、両者の相互理解を支援するため、必要に応じて専門家と患者の間の文化的橋渡しを行う

2. 医療通訳者に必要な知識、能力と技能、倫理

知識
- 母語と対象言語において医療・保健分野に関する基礎知識を有し、関連用語を理解できる
- 日本における医療制度に関する基礎知識を有している
- 患者の健康、医療、コミュニケーションに関わる文化的および社会的差異について知識と理解がある

能力と技能
- 母語と対象言語において十分な運用能力を有している
- 通訳について十分な知識と技能（対話型の逐次通訳）を有している
- 異文化コミュニケーションについての知識と技能を持ち、状況に合わせた適切な対応をすることができる
- 医療通訳場面に必要な調整力を備えている
- 状況に応じた事前準備、情報収集をすることができる
- 通訳利用者の合意の下に必要に応じて適切な形での文化仲介を行うことができる
- 万全な体調で業務にあたれるよう、感染予防と体調、メンタル管理を行うことができる
- 自身の通訳を振り返り、常に能力の維持、向上を図ることができる

（平成29年9月版）

の育成研修が実施されるようになった。2016年度からは、カリキュラム基準に準拠した国内初の医療通訳試験である「医療通訳技能認定試験（専門／基礎）」が、「一般財団法人　日本医療教育財団」によってスタートしている。試験の受験者は年々増加傾向にあるが、このような資格制度がさらに普及して、高い専門性をもった医療通訳の人材がより多くの医療現場で活躍することで、医療通訳に対する社会的認知度が向上し、専門職として確立されていくことを切に願いたい。また、上述した通訳費用の負担に関する行政側の明確な指針と、何らかの財政的な支援が確立されていくことも併せて期待したいところである。

(4) 通訳過誤に係わるリスクの軽減策

　以上、医療現場での医療通訳者に対するニーズと、それに応えるべき医療通訳者側を取り巻く外的環境の問題を概観してきた。このように課題は山積みながらも、すで国内の各地域で、自治体やNPO法人、民間企業などによる医療通訳の派遣サービスや、電話医療通訳サービスの事業が展開されており、外国人医療に大きな貢献をなしている。医療機関は、これらのサービスを、自院の外国人患者の来院状況に合わせて、活用していくことになる。しかし、時には患者の生死の現場にもかかわる医療通訳者には、専門技能とともに、高い倫理性も要求される。また、それだけに、医療現場での医療通訳の活用には、通訳過誤に基づく医療事故や個人情報の漏えい等の倫理的な問題に関するリスクが潜在している。外国人患者受入れのための院内整備を行う担当者は、このような通訳リスクに対するマネジメントについても十分考えていく必要がある。そのリスクマネジメントとは、どのようなことか。

JMIP の評価基準では、それを2つに分けて考えている。
① 利用する医療通訳者の質をどのように担保するか
② 医療通訳に伴うリスクに対する認識を、患者や医療通訳者と、どのように共有するか
以下、JMIP の評価項目に沿いながら、具体的なリスク対策を見ていこう。

「医療機関において、通訳者の資格、通訳歴を確認する方法がある。」 （「2.1.1.2③」／図表3-12）

ここでいう「通訳者」とは、院内で雇用する医療通訳者および利用する外部医療通訳サービスの通訳者の双方を指している。いずれにしても通訳の利用に際して、通訳者が適切な能力と資質を有しているかどうかを事前に確認しておくことは、通訳リスク対策の基本とも言える。

図表 3-12 評価基準：適正な通訳

2.1.1.2	適正な通訳が提供されているか確認する方法がある。	（3・2・1）
	① 外国人患者から、医療従事者との会話が正確に通訳されているか確認する方法がある。 ◆ 確認する方法とは、ツール（アンケートの翻訳）または、口頭による外国語での確認である。	（○・△・×）
	② 医療従事者から、外国人患者との会話が正確に通訳されているか確認する方法がある。 ◆ 確認する方法とは、ツール（日報）または、ヒアリングである。	（○・△・×）
	③ 医療機関において、通訳者の資格、通訳歴を確認する方法がある。 ◆ 確認する方法とは、書面または、口頭による確認である。	（○・△・×）

院内で雇用する通訳者であれば、資格・通訳歴の確認は十分取れているはずだが、問題は、外部の医療通訳サービスを利用する場合である。何らかのサービス利用を考える際に、事前にサービスの質を確認することは当然の話だが、医療通訳サービスを利用する医療機関の多くは、あまり十分な確認をすることもなく利用契約を交わしているのが現状のようだ。JMIP受審を考える医療機関でも、JMIPの評価基準でそのような項目があることを知り、あわてて先方のサービス事業者等に問い合わせるという場合が少なくない。

　勿論、事業者から、自社で登録されている医療通訳者のリストの提出まで求めることは難しい。だが、例えば、通訳者の採用基準や、採用後の研修方法などについての書面を要求することは無理な話ではないし、本来は事前にそうすべきことでもある。特に診療場面において医療通訳サービスを利用しようとする場合には、その事業者が、医療知識に関する研修や、実際の医療現場でのトレーニングをどのように行っているのかなどを事前に十分チェックしておくことが大切である。

　また、利用しようとするサービスが、どこまでのシーンで対応可能であるのかも、しっかり確認しておきたい。受付や会計でのコミュニケーションに限定しているのか、診療場面における医学的な専門用語の対応までが可能なのかを明確にしておく必要がある。

「医療機関と通訳者（通訳会社）間の通訳に関するリスクの認識を書面で共有している。」　　　（「2.1.1.3②」／**図表3-13**）

　通訳者の質の担保に関する確認が取れたところで、医療通訳サービス事業者との契約を結ぶことになるが、その際、通訳に

図表3-13 評価基準：通訳者との連携体制

2.1.1.3	医療機関において、通訳者との適正な連携体制がある。	（3・2・1）

①院内で、通訳者または通訳サービスを適正に活用するためのマニュアルがある。 ◆マニュアルには通訳活用の留意点として、話し方や対話方法を記載していること。	（○・△・×）

②医療機関と通訳者（通訳会社）間で通訳に関するリスクの認識を書面で共有している。 ◆書面には、患者の個人情報保護や通訳過誤時の責任範囲について記載していること。	（○・△・×）

③外国人患者の家族または関係者が通訳を行う際のリスクを、通訳者や患者本人に書面で通知している。 ◆リスクとは、通訳過誤や、倫理問題である。	（○・△・×）

伴ういくつかのリスクについて、認識を共有しておく必要がある。

　一つは患者の個人情報保護に関する守秘義務の記載であり、もう一つは、通訳過誤が発生した場合の責任の所在である。通訳過誤に基づく医療事故が発生した場合の責任の所在については、多くの場合、通訳者側に故意がない限りは、医療機関側が全責任を負うという内容で契約がなされている。実際は、そのような医療事故が発生した場合、医師賠償責任保険などを適用して対応することにしている医療機関が多い。

「通訳サービスの提供実績を記録する方法がある。」

（「2.1.1.1③」／図表3-14）

　契約後、医療通訳サービスの利用が開始されていくが、実際

図表 3-14 評価基準:通訳の提供体制

2.1.1.1	通訳を提供できる体制がある。	(3・2・1)

①通訳サービスを提供するためのマニュアルがある。 ◆マニュアルには、院内・院外の通訳連携先を記載していること。	(○・△・×)

②マニュアルに、通訳シーンによって通訳サービスを選定する基準を記載している。 ◆通訳シーンとは、対応場面や通訳内容である。	(○・△・×)

③通訳サービスの提供実績を記録する方法がある。 ◆記録の内容とは、患者情報、言語、日時、通訳者(通訳会社)などである。	(○・△・×)

の利用履歴をしっかり記録しておくことは、通訳リスクマネジメント上、重要なポイントとなる。万が一、トラブルが発生した場合、その記録が重要な証左となる場合もあるからだ。

電話医療通訳サービスの場合、事業者の側でも通訳ログを記録し、利用する医療機関側にレポートを提供していることが多いが、できればペーパーではなく、音声記録や映像記録（DVD）の形式でもらうほうがより望ましいと思われる。トラブル発生時に、音声と映像を調べれば、ミスコミュニケーションの原因がすぐに特定できるだろう。

医療機関側でも、患者情報や言語、利用したスタッフ名、利用日時、利用サービス会社名などを記録し、管理する仕組みを作る必要がある。記録方法の例として、院内のイントラネット上で記録管理表を作り、通訳サービスを利用したスタッフが、各自利用後にそこに入力していく、などの仕組みを構築してい

る医療機関がある。

「外国人患者から、医療従事者との会話が正確に通訳されているか確認する方法がある。」　　　（「2.1.1.2①」／図表3-12）
「医療従事者から、外国人患者との会話が正確に通訳されているか確認する方法がある。」　　　（「2.1.1.2②」／図表3-12）

　通訳の正確性を、利用した当事者に評価させることは理屈からいえば、原理的に不可能だ。しかし、患者側に「医療者の話していることが、十分理解できたか。」あるいは、「自分の言いたいことを医療者に十分、理解してもらえたと感じたか。」などを聞いてみることは十分有益である。患者側の評価が集積されていけば、その通訳者や、通訳サービス事業者への一定の評価としての価値をもち、それを先方にフィードバックすることで、通訳者や事業者側の質の改善にもつながっていくことになる。良質な事業者であれば、貴重な情報源として、むしろそのようなフィードバックを歓迎するはずだ。医療従事者側への意見のヒアリングも、全く同様である。

　実際には、外来受診の外国人患者に通訳利用の感想をアンケート等で聞くことは、タイミング的にも容易ではないし、通訳に関するアンケートの依頼自体を通訳者にさせることの問題点などもあるが、医療機関ごとに回収方法を工夫しながら、少しでも多くの回答を入手したい。なお、医療従事者側からの意見の収集については、先に述べた通訳記録と同様に、イントラネット上でのアンケートフォームへの入力などの工夫が考えられる。

　以上、医療通訳の利用に伴うリスク対策について、JMIPの

評価項目に沿いながら述べてきた。事前の通訳の質の確認や、通訳者・利用者双方でのリスク認識の共有、次いで利用記録の管理と、利用者からのフィードバックなど、通訳利用シーンのそれぞれにおいて、できる限りのリスクマネジメントを行っていくことが、患者・医療者双方の、安心感や医療安全につながっていくものと考えられる。

最後に、これまでの専門的な通訳者や通訳サービスの利用とは少し異なるが、外国人患者の同伴者による通訳の場合について見てみよう。

「外国人患者の家族または関係者が通訳を行う際のリスクを、通訳者や患者本人に書面で通知している。」

(「2.1.1.3③」/図表3-13)

外国人患者自身の家族または、知人が通訳として同行した場合の対応である。在留外国人の場合であれば、家族・知人以外に、職場の日本人の上司や、職場で雇用された通訳者などが同行する場合もある。また、在留外国人の家族では、親の受診に子どもが通訳として同行するケースも少なくない。子どものほうが親よりも早く日本人社会に溶け込み、日本語を身につける場合が多いからだ。特に患者の話す言語が希少言語で、医療機関で利用している外部通訳サービスもその言語をカバーしていないような場合、医療機関としても、その同行者に通訳を頼る以外に術がないことになる。

だが、たとえそうだとしても、同行者に無造作に通訳を任せることは避けなければならない。そこにはいろいろなリスクが存在する。彼らの大部分は通訳の専門的なトレーニングを受けていないし、能力も千差万別である。医学の専門的な用語を正

確に訳すこともあまり望めないことになる。このような不十分な通訳能力に基づくリスク以外にも、倫理的な面でも様々な問題をはらんでいる。職場の関係者であれば、職場にとって不利益になるような内容を患者に通訳することを避けようとするかもしれない。また、家族、特に子どもが通訳を行うような場合、自分の親に関する婦人科の診断内容や、重篤な病状などを伝えさせることは、かなりの心的負担を子どもに与えることになってしまう。

　このような様々なリスクがあることを事前に書面で示し、医療者側・同行通訳者・患者の3者で、認識を共有させておくことだけでも、最低限行っておくべきである。そして、その言語に関して、利用可能な院内または外部の通訳資源があるのであれば、極力、患者の同行者を通訳者として利用することを避けるべきであろう。

7 宗教・習慣に関する配慮

　外国人患者を受入れていくにあたって、宗教・文化などの違いへの対応は決して避けて通ることのできない課題である。日本人の医療者が当たり前と見なしているやり方の中には、他の国では決して当たり前ではなかったり、むしろ日本でしか通用しないようなものの考え方が潜んでいる場合も多いのだ。そのような宗教的、文化的な習慣やものの考え方は、その宗教や個人によっては、それこそ「命よりも大切」と考えられている場合さえ少なくない。そのため、このような双方の宗教的、文化的相違を全く無視して、「医療の正義」の名の下に、日本人医療者の方法論だけを押し付けていくことは大きなトラブルを生むことになりかねない。

　また個々人の信仰する宗教観は、その患者の病気や治療に対する態度の取り方、死生観などにも強く影響している。それだけに、生命を預かる医療の現場では、十分な理解が求められる。

　JMIP の評価基準では、2つの評価項目で宗教・文化に対する配慮のあり方に言及している。

　①外国人患者に配慮した入院中の食事の対応方法があるか。（「2.4.1.1」）

　②各種宗教・習慣に配慮した対応方法があるか。（「2.4.1.2」）

　以下、この2つの点に沿って、宗教・文化への配慮に関する整備のポイントを考えてみよう。

(1) 食事のリクエストへの対応

　宗教や主義による禁忌食がある外国人患者は少なくはない。しかし、一般の医療機関では入院中の食事について、そのような禁忌食のすべてに対応することはかなり難しい。医療上の観点から応じられない場合もあるし、例えばムスリム（イスラム教徒）の患者から厳密なハラル食などを要求された場合は、ハラル食を調理可能なキッチンが用意されていない限り、厳密には対応できないことになる。そのようなハラル専用の調理室まで用意している医療機関は、国内でも数えるほどだろう。

　しかし、その点であまり過剰に憂う必要はない。宗教の教えや実践方法は、国や地域、個人によっても異なり、リクエストのレベルにも幅がある。また、海外の地に旅行中や滞在中の場合、ましてや病気で入院中の場合などは、戒律を緩めても構わないとする宗教も少なくない。大切なことは、国や宗教だけで患者を一律にとらえたり、医療者側が過剰な反応をしすぎたりしないようにすることだ。

　JMIPの評価項目では、次のような点にウエイトを置いている。

「宗教・主義などの理由で制限される食材について、外国人患者から必要な情報を入手する方法がある。」

（2.4.1.1②／図表3-15）

　まずは、入院予定の外国人患者から、早い段階で、入院中の食事のリクエストについて、はっきり聞いておくことだ。入院時の問診票、あるいはもっと早い、診療申込書の段階などで、「宗教や主義に基づく禁忌食はありますか。」などの質問項目を入れておけばよい。そのうえで、もしリクエストがあった場合

図表 3-15 評価基準：入院中の食事

2.4.1.1	外国人患者に配慮した入院中の食事の対応方法がある。	（3・2・1）
	①入院中の食事について、外国人患者の理解可能な言語で記載された献立表で献立、材料を通知する方法がある。	（○・△・×）
	②宗教・主義などの理由で制限される食材について、外国人患者から必要な情報を入手する方法がある。 ◆入手する方法とは、ツール（確認表の翻訳）または、口頭による外国語での確認である。	（○・△・×）

には、その患者の入院に際して、この病院として対応可能なラインを、明確に患者に伝える必要がある。例えば、豚肉のメニューを他のものに代替することはできるが、細かい豚由来成分の除去までは難しい、など。

そのような事前の確認と説明がしっかり行われ、事後のトラブルを回避できるようにしているかどうかが、JMIPでの評価ポイントとなっており、実際にどこまでの食事対応が可能か、が問われているわけでは決してない。病院側からのインフォメーションさえ、事前に明確に患者側に与えられれば、あとは戒律を緩めるか、それとも戒律の厳守を優先し、医療機関の変更を検討するかは患者側の選択に委ねられることとなる。

（2）各種宗教・習慣に配慮した対応方法

ここでは食事以外の対応についても求められているが、JMIPの評価項目では特に以下の点が強調されている。

「外国人患者の要望に対応できない場合に、患者に説明して了

承を得ている。
◆**要望とは、宗教倫理によって医療行為が制限される内容の要望である。」**　　　　　　　　　　　　（2.4.1.2②／図表3-16）

「宗教倫理によって医療行為が制限される内容の要望」とは、様々なことが考えられるが、再びムスリムの方を例に取れば、

- 同性の医師による診察の要望
- 豚由来成分などを含んだ薬剤の拒否
- ラマダン（毎年、1か月間、日の出から日没まで飲食を断つ）の期間の断食

などが考えられる。また、これは外国人患者に限らないが、宗教によっては無輸血治療を希望する場合もある。

これらについても、ポイントは前述の食事に関する対応と同じことになる。事前に患者側の要望をしっかりヒアリングしたり、問診票等に記載してもらったりした上で、患者の病状や病院の治療方針を踏まえて、病院として対応が可能な範囲について検討し、その検討結果を明確に、なるべく早めに患者に伝え

図表3-16 評価基準：宗教・習慣への配慮

2.4.1.2	各種宗教・習慣に配慮した対応方法がある。	（3・2・1）
	①各種宗教・習慣について、外国人患者から必要な情報を入手する方法がある。 ◆入手する方法とは、ツール（確認表の翻訳）または、口頭による外国語での確認である。	（○・△・×）
	②外国人患者の要望に対応できない場合に、患者に説明して了承を得ている。 ◆要望とは、宗教倫理によって医療行為が制限される内容の要望である。	（○・△・×）

ることである。それにより、患者側の自己責任による選択が可能となる。

なお、その際、後々のトラブルを防ぐためにも、「医療者側が十分に説明した上で、患者本人が承諾し、選択をした」ことを証明できるように、説明同意書(輸血拒否同意書など)に必ず署名してもらう必要がある。そのような説明同意書の整備も、外国人患者受入れに伴うリスク回避策の大切な一つである。

医療行為制限を伴うもの以外の、その他の宗教的、文化的な要望についても、個々の医療機関で対応可能な範囲を事前に患者に伝える、というポイントは全く変わらない。例えば、ムスリムの患者の場合であれば、1日5回のメッカの方向への礼拝が欠かせない。これについてはたとえ旅行中であっても必ず実行しなくてはいけないとされている。国内の医療機関では、ムスリムのための専用の礼拝室(実際は、他の宗教の方の礼拝場所として利用されている場合もある)を設置しているところもあるが、きわめて例外的である。ムスリムの方にとっては必ずしも専用の礼拝室である必要はなく、清潔でなるべく人目につかない場所が確保できれば十分であるようだ。例えば小会議室や、場合によっては病棟の片隅のカーテン等で仕切れる場所などを、そのようなリクエストがあったときに提供できる場所として、日頃から決めておけばよい。

8 災害時・緊急時の対応

 昨年（2018年）9月、台風21号の影響で関西国際空港が冠水して利用客が足止めを余儀なくされた際に、外国人向けのインフォメーションが十分ではなく、多くの訪日外国人が「情報難民」となってしまったことは記憶に新しい。非常時・災害時には外国人は基本的に「情報過疎地」に置かれやすいことを医療従事者はよく認識しておかなくてはならない。

 「外国人患者が安心・安全に受診するために」というJMIPのテーマを考えてみても、そのテーマに最も直接的にかかわる領域が災害発生時の外国人患者対応ということになるだろう。

 特に地震大国である日本では外国人患者が受診中もしくは入院中に、地震の発生に遭遇する確率は決して低くはない。ましてや地震がほとんどない国からきた外国人患者にとっては、異国で病院にかかっていることの不安感も手伝って、日本人患者以上にパニックに陥る可能性が十分ある。そのようなときに、外国人患者に素早く状況を伝達し、不安を取り除かせ、落ち着いて行動させることができるような避難誘導対策が是非とも欠かせない（**図表3-17**）。

 災害時には、伝達も急を要することから、翻訳アプリや会話集などの通常頼りにしているツール類では間に合わないし、役立たない。むしろ大きめのボードに「地震です」「落ち着いて」「職員の指示に従って」などの簡潔な文言をいくつかの外国語で大きく記したものを用意しておき、発災時には素早く外国人患者に見せる、などの方法が現実的だ。

図表3-17 評価基準：災害発生時の対応

3.1.2.2	災害発生時に外国人患者に対応する体制がある。	（3・2・1）
	①緊急時を想定した、外国人患者への対応方法を記載したマニュアルがある。 ◆マニュアルには、外国人患者が避難するための誘導方法について記載していること。	（○・△・×）
	②外国人患者が理解可能な言語で、避難誘導の案内表示を整備している。 ◆避難誘導の案内表示とは、各階の非常口案内（ピクトサイン）、避難経路図である。	（○・△・×）

　実際に医療機関が実施しているその他の対応策の例としては、災害時の館内放送の際に、日本語による放送の後に英語による放送を流す、災害時に外国人患者に案内するための簡単な英単語を病棟看護師が日頃から練習して言えるように備えておく、などがある。また、定期的な防災訓練の際にも、外国人患者を想定した内容を取り入れて実施することが望ましい。

9 外国人患者受入れ担当部署 または担当者の設置について

 これまで言語対応マニュアルや院内文書、ホームページ、院内案内表示等の整備に関して、また、外国人患者受入れに伴うリスク軽減策等について、JMIP の評価基準に照らしながら説明を加えてきた。

 最後にこのような体制整備に取り組んでいくための組織体制について考えてみたい。これまでの説明でもわかるように、「外国人患者対応」という視点で院内の医療サービスの全体に横串を刺した場合、それぞれの局面、それぞれのセクションで取り組むべき、様々な課題が立ち現れてくる。外国人患者対応とは、限られた部署の職員だけで完結するようなものではなく、多くの部門が連携し、足並みをそろえていかなければ成り立たない。しかしそのためには、やはり外国人患者に係る様々な情報を一か所に集約させ、その共有化を図り、また適切な対応方法をコーディネートしていくための中心軸をどこかに置く必要がある。

 外国人患者の来院数が多く、外国人患者対応が日常業務としてある程度のウエイトを占めているような医療機関であれば、外国人対応のための専門部署の設置は欠かせないだろう。だが、国内のほとんどの医療機関では、来院する外国人がまだそれほどの数ではなく、専門部署の設置までは難しいのが現状であろうと思われる。しかし、そのような場合でも、中心軸となるような担当者だけでも設置する必要がある。必ずしも専従でなくても構わないが、外国人患者に関することを取りまとめたり、

調整したりする担当として、組織図的に明確に位置づけられ、院内周知される必要がある（可能であれば、複数名体制が望ましい）。それが、今まで場当たり的な、その場しのぎでやり過ごしてきた外国人患者対応について、各セクションでの知恵や工夫を結集させ、院内全体としての「外国人患者受入れ体制」にまで高めていくための結節点として、不可欠であるからだ。JMIPの基準では、評価項目「4.1.1.1」（**図表3-18**）で担当者または担当部署について言及している。

また外国人患者に関する様々な問題点や改善策を、院内全体の課題として検討していくためのディスカッションの場の設置も必要だ。ワーキンググループまたは委員会など、医療機関内での外国人患者受入れの現状に合わせて、位置づけの仕方は変わってくると思われるが、いずれの場合でも、院内の各セクションのメンバーで構成される組織横断的なものであることが大切だ。また、ある程度定期的な開催が望まれる（評価項目「4.1.2.2」／**図表3-19**）。

図表3-18 評価基準：役割の明確化

4.1.1	外国人患者対応の担当者または担当部署の役割が明確である。	（a・b・c）

4.1.1.1	外国人患者に対応する担当者または担当部署を設置している。	（3・2・1）

①担当者または担当部署の業務マニュアルがある。 ◆業務マニュアルには、担当者または担当部署の役割や業務内容を記載していること。	（○・△・×）
②担当者または担当部署を院内で周知している。 ◆周知とは、組織図、部署概要、院内通達などの方法で院内スタッフに告知していることである。	（○・△・×）

図表3-19 評価基準：受入れを検討する体制

4.1.2.2	外国人患者の受入れに関して検討する体制がある。	（3・2・1）

①外国人患者の受入れに関する会議（委員会）の規程がある。 ◆規程には、開催目的、開催頻度、出席者を記載していること。	（○・△・×）
②外国人患者の受入れ実績や経験を議題として設定している。 ◆議題は、外国人患者の要望や院内スタッフの意見を反映していること。	（○・△・×）
③外国人患者の受入れに関して検討した内容を記録する方法がある。 ◆記録とは、議事録に内容、日時、参加者を記載することである。	（○・△・×）

10 院内全体での情報共有

このように院内の結節点としての担当者や検討の場が設置されることで、外国人患者受入れ体制の全体像をつねに見通せる視点が確保されると同時に、院内のスタッフに向けて、外国人患者に係る様々な働きかけを行っていくことも可能になる。例えば、担当者やワーキンググループのメンバーが外部の外国人患者受入れや異文化理解に関するセミナー・勉強会に参加した場合、そこで得た情報を一部の担当者間でのみ共有するのではなく、院内全体のスタッフがアクセスできるように、イントラネット等を利用して、情報の共有化を図る必要がある（評価項目「5.1.1.1」／図表 3-20）。

また、スタッフ研修の一環として、外国人患者受入れに関す

図表 3-20 評価基準：受入れに関する情報収集や教育・研修の取り組み

5.1.1	外国人患者の受入れに関する情報の収集や、院内での教育・研修の取り組みがある。	(a・b・c)

5.1.1.1	外国人患者の宗教・習慣や他の医療機関の取り組みに関する情報収集を行っている。	(3・2・1)

①院外の研修・セミナーなどに参加している。 ◆参加は、報告書や議事録で日時・参加者・内容が確認できること。	(○・△・×)

②院外の研修・セミナーなどで収集した外国人患者に関連する情報を報告書や議事録によって院内で回覧している。	(○・△・×)

図表3-21 評価基準：受入れ対応の向上に向けた取り組み

5.1.1.2	院内で外国人患者の受入れ対応の向上に向けた取り組みがある。	（3・2・1）

①外国人患者受入れに関する院内の教育・研修を行っている。 ◆教育・研修内容とは、外国人患者への対応や、コミュニケーションの質の向上に関するものである。	（○・△・×）

②教育・研修の開催履歴を記録する方法がある。 ◆記録とは日時・参加者・内容を開催記録や議事録に記載することである。	（○・△・×）

る勉強会や英会話教室などの院内開催を企画することも望ましい。医師や看護師などをはじめとして、医療機関の職員は流動性が高いため、外国人患者受入れ体制の水準を維持するためにも、定期的な院内研修が欠かせないと思われる（評価項目「5.1.1.2」／図表3-21）。

11 地域社会との連携体制

　自院内における外国人患者受入れ体制づくりと平行して、各地域との連携のあり方を模索していくことも大切だ。もとより外国人患者受入れは、特定の医療機関が単独で抱えるべき問題ではなく、地域全体の課題であるはずだからだ。また、外国人患者の受入れ拡大を地域全体の産業の活性化に向けた重要な契機と位置づけている医療機関さえある。

　その連携の仕方や連携先は地域により様々であろうが、周辺の医療機関との連携は欠かすことはできない。周辺医療機関から紹介された外国人患者の受入れや、自院で対応困難な外国人患者の逆紹介など、各医療機関の力量や状況に合わせた連携の方式を検討していく必要がある。また、各地方自治体の医療局や観光局、消防、国際交流協会等との情報共有も不可欠だろう。特に在留外国人患者対応が主流となるような地域では、地域の外国人コミュニティや日本語学校、あるいは外国人留学生の多い教育機関等との連携が推奨される。そのようなチャンネルを築いておくことは、外国人に関する情報収集のみならず、ボランティア通訳に関する協力要請などに向けても有効だと考えられる。また、訪日外国人の多い地域であれば、宿泊施設、旅行業者等との連携も検討したい。

12 外国人患者受入れ体制整備の歴史的意義とは（3章のまとめに代えて）

以上、外国人患者受入れ体制構築のあり方について、JMIPの評価基準に照らしつつ、様々な角度から説明を加えてきた。

翻って考えてみると、「外国人」とはきわめて相対的な言葉だ。外国人患者から見れば私たちこそ外国人であるし、外国人医療者だ。ましてや、私たちがひとたび海外の地を踏めば、簡単にその立場は逆転してしまう。そして、そこで不意の病気や怪我に侵されれば、異郷の地で手助けを求めていることの不安と孤独に一挙に突き落とされることになる。このように考えていったとき、私たちは、次のような当たり前のことにようやく気づかされることになる。これまで考えてきた「外国人患者」とは、他ならない、私たち自身のことでもあるのだ、と。

日本とは違い、他国と国境を接し、絶えず隣国との緊張と緩和の歴史に搖動し続け、あるいは移民を受入れ、国内的にも複数の民族や言語で構成されているような海外の国々では、上記のような相対的なものの考え方や感じ方が自然の所作となって、人々に浸透している。だが、日本人は、異質なものとの共存がいまだ不慣れであり、お互いに異質であることへの寛容と妥協の術をうまく身に着けられていない。そして、異質なものに対する洗礼を受けていない制度やサービスには、ある種の普遍性が欠如することにもなるのではないだろうか。

歴史学者の阿部謹也は著書の中で、外部に開くことによる普遍性の獲得が文明の本質であることを踏まえ、このような日本の不寛容性を、次のように指摘している。

> 日本はいまだ文明を作り上げたことがありません。日本には文明がないのです。
> （中略）つまり日本の社会は、外国人に開放されていないのです。しかしヨーロッパははるかな昔から外国人に開放されています。ほぼ千年前に開放された社会をヨーロッパはつくりはじめた。それがヨーロッパの文明だ、こういっていいと思います。
>
> （「西洋中世の男と女」）

　日本はいまだ文明を作り上げたことがない——これは今から四半世紀前に歴史学者によって鋭く剔抉された日本社会の本質だが、世界でグローバル化が進む今でもなお、真実を射抜く言葉と言える。いやむしろ、現代のグローバル化の進展の中でこそ、あらためて重い意味を響かせている言葉と言っていいだろう。

　日本の医療水準そのものが世界に冠たるものであることは論を俟たない。また「おもてなし」の精神に裏打ちされた、きめ細かく温かい日本の看護に感動する外国人患者が多いのも事実だろう。しかし、患者サービスの体制そのものが「外国人に開放されているか」と問えば、そこには、日本の医療機関が乗り越えるべき課題がいまだいくつも山積みされているのが現実ではないだろうか。それだけに、国内の医療機関が外国人患者受入れに向けて、院内の体制整備に踏み出していくことは、日本の医療サービスの歴史でもはじめての、本当の意味での「文明」の創出につながっていくものと言えるのかも知れない。

第4章

今までのデータと
医療の国際化で
今後予想されること

1 結果データでみる JMIP 評価項目

　最初に JMIP 認証 48 病院において、不得意な項目、得意な項目を確認してみる。

　JMIP 認証の項目で、平均での評価が一番低かったのは、「院内における立ち入り禁止区域への制限について日本語及び外国で表記している」という点であった。次に悪かったのは、同じような項目で「院内の案内表示を日本語及び外国語で表記している」という項目、また「院内設備の使用説明を日本語及び外国語で表示している」という点であった。このように外国語表記が一番の問題のようである。

　また、マニュアルの整備に対しての項目の点数が低いものがある。例えば、「外国人に対するクリティカル（クリニカル）パスの説明」といったものも評価が低い。

　すべての病院でできていた項目は**図表 4-1** に示す。

　以下、関心が高い未収金や文化・宗教対応、食事対応、言語対応困難事例について、実例から代表的な事例を挙げてみたい（**図表 4-2〜図表 4-9**）。

図表 4-1 下位項目評価平均値 全て○の項目

シーン		評 価 項 目
受付	1112	外国人患者の受付時に、必要な情報を入手する体制がある。
		①受付時に、外国人患者の理解可能な言語で受付するためのマニュアルがある。
	1112	外国人患者の受付時に、必要な情報を入手する体制がある。
		②受付時に、外国人患者から必要な情報を得ている。
看護	1124	看護部門において、外国人患者に対応する体制がある。
		①外国人患者への対応方法について記載したマニュアルがある。
支払い	1211	診療に先立って概算費用を通知する方法がある。
		①概算費用を、外国人患者の理解可能な言語で通知する方法がある。
	1213	支払方法について外国人患者に明示している。
		①対応可能な支払方法を、会計窓口に提示している。
	1214	外国人患者の未収金発生防止について検討している。
		①未収金事例の記録を残している。
宗教	2412	各種宗教・習慣に配慮した対応方法がある。
		①各種宗教・習慣について、外国人患者から必要な情報を入手する方法がある。
診療	3111	担当医療スタッフを外国人患者に伝える方法がある。
		②担当医師を外国人患者の理解可能な言語で紹介する方法がある。
	3112	診療において、外国人患者に配慮した対応方法がある。
		①診療結果を外国人患者の理解可能な言語で通知する方法がある。
情報管理	3121	緊急時、医療事故発生時に外国人患者の関係者に連絡する方法がある。
		②入手した外国人患者の緊急連絡先を医療面接票(問診票)や医療記録(カルテ)に記載している。
	3212	外国人患者と治療に関する同意書を交わしている。
		②外国人患者と交わした同意書を保管している。

図表 4-2 支払い困難事例① 旅行者

患者国籍	概要	内容
ドイツ	少額のため海外保険適用外	入国管理局より、旅行中の方で声色に問題があるらしく受診の依頼があった。治療費については、海外保険を使用して支払うとのことで、窓口ではお支払いされなかった。 その場で保険会社と連絡をとったところ支払いについて対応してくれるとのことであったが、後日治療費の金額が少ないため本人に払わせてくださいとメールが入った。その後本人と連絡を取ろうとしたが取れなかった。 数日後本人から連絡があり銀行振込で支払いするとの連絡があった（現在対応中）。
アメリカ	自動支払機で未払い	中国へ行く途中、乗り継ぎの数時間を使って来院した。時間が迫っている中、自動支払機を使ってクレジットカードで支払ってもらったはずだが、精算処理がされていなかったことが後日発覚した（操作ミスか、機械のトラブルかなど原因は不明）。 国際電話を複数回かけたが、連絡がつかなかった。
トルコ	旅行中のICU入院	日本に到着する飛行機の中で意識喪失。入国審査もせずに救急搬送されICU入院。海外旅行保険をもっておらず、所持金は580ドル。これを日本円に両替し預かり金としていただいたが、残りは未収となった。 毎月分割で支払うよう、誓約書を取り付けた。 帰国後患者と連絡が取れなくなったため（請求書を送っても届かず返送されてくる）、大阪府がこの期間に実施していた未収金補てん事業で一部補助してもらうことを検討中である。

図表 4-3 支払い困難事例② 在留者

患者国籍	概要	内容
バングラデシュ	概算をオーバーし、支払い拒否	患者が重い糖尿病をもっており、術中にアクシデント発生。概算より治療費がかかってしまったため、息子さんが支払い拒否。入院前に金額がオーバーすることもあると説明したが、受け入れず。概算費用も払えないため、まずは分割にして概算提示額をお支払い頂くよう約束して、支払って頂いている。
ブラジル	会計によらず帰宅	会計によらず帰宅。6月前半、何度も患者へ確認のため電話したが不在。6/17、他院へ入院したため支払いができなかったと患者より連絡が入る。銀行振り込みも可能とお話し、再度支払日をご連絡頂くことになるが、7/7になっても連絡無し。7/11に病院より再度督促予定。
ブラジル	通訳キャンセル料の未収	外部機関へ有償通訳を依頼したが予約日当日、患者都合にて受診キャンセルとなり、通訳キャンセル料3,000円が未収となった。 4/15に請求書を郵送。3週間経っても入金確認ができなかったため、5/8、5/9に電話連絡するも不在。そのため、患者の留守番電話に折り返しの連絡を頂くようメッセージを残したが、連絡頂けず。
フィリピン	身分証を求めたら一括払いした。	時間外で受診に来たフィリピン人女性、家族が当院近くに在住しており付添い。盲腸のため、入院となり限度額認定が適応されるか市役所に問い合わせたところ、未払いがあり保険証3割負担のみとのこと。オペの見積もりを家族に伝え、入院保障書にサインをもらった。　オペ後退院時に支払ができないと言われ、金額面を事前に伝えた点と保証人の義務を伝えたが、払うなどと言っていないと主張された。分割等の対応を検討するのに家族に身分証を求めたが、持っていないと言い（態度から恐らく不法滞在と思われる）、カードで一括払いをしていった。

図表4-4 言語困難事例

母国語	概要	内容
ベトナム	電話通訳に不信感	循環器内科入院中の患者。夫が日本語の日常会話可であるため通訳介入は行っていなかったが、手術説明時に担当医よりベトナム語通訳手配の依頼あり。電話通訳を利用したが、医療用語が即時に答えられなかったため夫より不信感あり。担当医了解の下電話通訳を中止し、日本語で説明を行った。
アルゼンチン	子供に学校休ませ通訳対応	在日アルゼンチン人。情緒不安定のため、病状確定不明のまま各診療科を受診。日本語対応ほぼできず、ご子息が通訳対応。受診が優先されるため、ご子息に平日昼間でも学校を休ませ、通訳対応を強制。病院も通訳手配するが、満足されず、引き続きご子息が同行することとなっている。
ミャンマー	希少言語で通訳料が高額	1月から2月にかけて8日間入院。患者は来日直後で、日本語は単語程度、英語もほとんど話さないため、院内の通訳・スタッフでの対応は困難だった。入院時、退院時の説明は、患者の所属先が外部のミャンマー語通訳を確保して対応。ミャンマー語は希少言語のため通訳自体が少なく料金も高額。今回の通訳料金は所属先が患者にかけていた保険でカバーできた。
モンゴル	家族と指差しツール作成	心臓血管外科の手術目的で来日していた患者。英語可能な家族が付き添いしていたため、日中や家族付添時は英語で対応していたが、夜間や家族不在時にマイナー言語での対応は困難であった。家族にモンゴル語の指差しツール(看護業務に必要なシンプルな用語集)の作成に協力してもらい、対処した。
マーシャル語(マーシャル諸島)	大使館による通訳	空港より腹痛にて救急搬送された。部分的にしか英語で会話が通じず、英語の発音も聞き取りにくかったため、在日のマーシャル大使館に通訳してもらった。

図表4-5 宗教対応事例

国籍	宗教	概要	内容
インドネシア	イスラム教	医師も通訳も男性NG	宗教上の理由で、男性医師の診察は不可。通訳に関しても、内診や診察などで肌を露出する場面においては男性通訳の立ち合いは不可。原則要望には対応するが、医師については、緊急時においては男性医師が診る可能性もあることを説明した。
ナイジェリア	ユダヤ教	割礼対応	男児誕生10日以内に包茎手術
バングラデシュ	イスラム教	出産直後のお祈り	分娩にて入院。分娩室で、赤ちゃんが生まれた後、夫が(赤ちゃんの横で)お祈りする機会を提供した。

図表 4-6 食事対応事例

国籍	宗教	概要	内容
インド	イスラム教	ハラル食	外傷整形外科緊急入院となった患者。イスラム教徒との情報があり、栄養科からの依頼により食事対応のヒアリングを行った。ハラル食を希望され、食器や配膳車も完全に分けてほしいとの要望があったため栄養科に依頼しハラル食を提供した。
フィリピン		フィリピン料理を研究	小児糖尿病にて入退院を繰り返す。魚と野菜は食べない。日本の味付け、特に煮物・お浸しは苦手。母親もフィリピン人、元々糖尿病の家系ということだが病気についての理解度は不明。効率良く食事指導ができるように、栄養管理科と国際診療科が協力し、フィリピン料理に使われている食材、調味料（味付け）、調理方法等に関する資料を調べた。
中国	仏教	禁忌食が日替わり	その日により禁忌食材が変わることに対応
インド	ヒンズー教	持参OKだが、栄養指導実施	出産のため入院された。ベジタリアンメニュー限定であり、食事は持込を希望されたので、持参して良いと許可した。管理栄養士より栄養バランスの指導は行った。院内提供の食事も時々は食べていた。「お祝い膳」はご主人と分けて食べられた（ご主人は牛肉と豚肉以外は食べられる）。

図表 4-7 文化・習慣対応事例

国籍	概要	内容
中国	正月のための髪染め	ヘルニアの手術を目的に入院。外出の依頼があり、その理由が毛髪を染めたいという理由であったため、院内で呼ぶ床屋であれば対応可能だという話をした。その際は理解していたが、その後無断で離院、毛髪を染めていたことが判明。旦那さんとともに謝罪あり。 2月は旧正月であり、中国人にとっては非常に重要な時期であった。
ペルー	家族の誕生日	入院して化学療法をしている患者から外泊の希望があった。医師は、発熱があったため許可できないと言ったが、患者は、息子の誕生日なのでどうしても家に帰りたいと言って譲らず、患者家族も入って説得を試みたが患者の意志は固く、結局条件付きで外泊を許可した。その際、医師に、患者の国ではそんなにも誕生日は大事なのかと聞かれたので、確かに中南米では誕生日を盛大に祝うという点について、文化の違いを説明した。

図表4-8 医療の相違の事例

国籍	概要	内容
中国	がん告知の考え方	日本語のできるご家族が同行したがんの患者さんで、ご家族からがんが悪化したことを患者さんに伝えて欲しくないと要望があった。 患者さんに伝えたほうが患者さんにとって一番良い人生の終わり方であると説得したが、ご家族は納得してくれなかった。隠し切れないこともあるとご家族の了解を得た上、数回にわたって外来での診察を通訳した。
香港	延命治療への考え方の違い	心肺補助を受けている患者で、治癒の見込みがなかったら、延命治療を希望しないと家族から要望があった。 家族の意思を慎重に確認し、家族の要望に沿って延命治療をしない方針で対応した。確認に時間を要したため、家族のイラつきを感じ、精神的に負担をかけた。 長期的に患者に苦痛を与えず、命を終わらせるのが愛情であると患者の家族が思っている。生存の可能性が少しでもあれば、新たな治療法を試したい日本の考え方と異なる事例だった。
フランス	禁忌薬剤の相違	気管支炎にてER受診。 問診票に既往歴にC型肝炎と記載し診察時医師にも直接伝えたが、処方された薬剤が肝炎に対する禁忌薬剤であった。本人が気付いたため内服せず、後日メールにてクレームがあった。 処方した医師・薬剤部に確認したところ、日本では禁忌薬剤となっていないため処方されたとのことだった。後日担当医および国際担当より詳細を本人家族に説明し、納得した。

図表 4-9 その他の対応事例

国籍	概要	内容
フィリピン	不法滞在者の対応	本人は日本語不可、付添人と日本語or英語にてコミュニケーション。H19より定期的に来院していた患者、在宅酸素導入の治療をしていたが、度々引っ越しをしていたようで連絡がつかなくなることがあり（貸出医療機器が戻って来ない）元々自動受付を中止していた。保険証も長期間に渡り確認できていなかったため、再来院した際にID提示を求めたが在留カードを持っておらず、医師より緊急性が無いことを判断してもらった上でID持参の上来院するよう促した。後日、警察よりカルテ照会依頼があり、逮捕されたことがわかった。→その後の留置中傷病も当院で受診した。
中国	保険証名と在留カード名の相違	保険証と在留カードの名前違いの発生、主に中国人患者に多く、保険証名（＝住民登録名）と、在留カード名が異なる患者が来院。新患等でほぼ毎月発生し、その都度、市役所に確認を取るか、照会のできない時間帯の場合は保険証使用をさせず自費の対応とした（使い廻し防止）。
中国	無断外泊、飲酒	診断のための心カテ目的で来院。 手技終了後、安心したのか奥様が滞在しているホテルに向かうため無断離院する。 看護師や医事課が夜中探し回っても発見できず、奥さんが滞在している部屋に電話をしたら滞在してることが判明し、帰院を促す。 その後、明け方帰院したが飲酒していた。

2 医療の国際化は進展するのか

　すでに述べてきたように、人の流動化の流れは止めることは難しいと思われる。言い換えれば、外国人は日本に来なければ、他の国に行って消費をすることになる。それを取り込もうというのが、インバウンドになる。

　日本が豊かな国から普通の国になっていくというデータは数多い。

　例えば国全体の名目GDPも2010年には中国に抜かれ、PwC（プライスウォーターハウスクーパース）が発表した2050年のGDPランキングの予想によると、日本は第8位に転落するという予想もされている。国全体は人口が減るから仕方がないと言う人もいるかもしれないが、一人当たりのGDPにおいてはすでにアジアの中でもシンガポールに抜かれる状況であるし、他国と比べても**図表4-10**のようによい状況ではない。こういった状況を背景に日本の経済活力をもたらそうというのが、アベノミクスであったが、施策の成否はともかく、その中で、日本人のあるいは日本という国の魅力により外国人の旅行者は増えた。

　そして前述したように、そもそも様々な国で人の流動化が加速している。そのような状況を考えれば、このチャンスを自国の活性化に使わないという手はないであろう。当初、医療ツーリズムということで始まったこの流れであるが、現在は実に幅広く、医療ツーリズムで日本を訪れる外国人患者以外に、観光で日本に来る訪日観光客、その他日本で働く在日の外国人が病

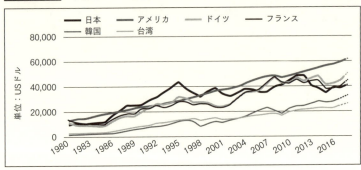

図表4-10 一人当たりの名目GDP（USドル）の推移（1980〜2018年）

出典：世界経済のネタ帳

気になったときに、いかに対応するかという幅広い視点に変わってきているのはご存知の通りである。

すでに述べてきたような理由から、日本においては医療ツーリズムという、患者が医療を求めて来日するという比率が、韓国やタイ、シンガポールといった国のように急速に伸びるとは考えにくい。しかし、医療ツーリズムも徐々に進展してきているのに加え、急速に増える外国人が病気や怪我をしたときに、どのように受け入れるかという点で日本が真剣に考えなければならないときが来ている。

これは外交的な視点にもつながるだけでなく、経済的な視点にもつながるということで、政府や政治家も本腰を入れて外国人が患者になったときの対応について検討している。一方、日本の制度は、日本国民のために作られた性善説に基づく国民皆保険制度であり、比較的容易にこの皆保険制度に加入できるということもあり、悪意のある外国人がこの制度をうまく利用するようなケースも増えてきている。

例えば健康保険組合で、被扶養者にした自分の親族を自国から呼び寄せ、大きな手術を、わずかな自己負担で受けるケースや、3カ月で国民健康保険に加入し大きな手術を受けるといったケースなど、合法ではあるが日本の財政へのインパクトを与える動きもある。

　実はEUではすでにこのようなことが問題視され、比較的廉価で高度な医療を受けることができたスペインにおいては、国としての対策が取られた。このように2,000万人を超える訪日観光客が、日本を訪れる状況になっている現在、外国人対応の問題はさらに大きくなっていくと思われる。

3 医療の国際化で今後予想されること

　医療の国際化で何が起きるかを考えたときに、一つの視点はすでに述べてきたように日本の医療は世界的に高水準であるということだ。特にアジア諸国の中ではトップと言ってよい状況である。その視点で日本の医療を海外に輸出するというアウトバウンドが、起きてきていることはすでに述べてきた。そしてこの動きは今後さらに加速すると思われる。

　しかし同時に、すべての医療分野において日本が優れているわけでもないということも徐々に明らかになってきている。診療科ごとの詳細については専門家でない私が述べることは避けるが、医療全体についても日本が遅れており、海外から学ばなければならないという点がいくつかある。言い換えれば外国人患者対応時に問題になることがいくつかある。

(1)「おもてなし」は世界共通なのか？

　一つは患者対応である。国民皆保険がない国においては、公平性の点からは問題があるが、医療機関は患者から直接お金を支払ってもらわなければならない。そのためには患者満足度を上げ、言い換えれば患者サービスを徹底することになる。

　「おもてなし」とは、心のこもった接遇のことである。日本では医療の分野でも「おもてなし」の精神をもとに患者満足度を追求しているが、そもそも「おもてなし」の考え方が、どこまで外国人に通じるかといった点も含め考える必要があろう。事例を見ても患者対応については少なくとも国際的標準に対応

してるとは言い難い。その点で、本書で述べたJCI取得病院の増加は重要である。

本章の冒頭で触れたように、外国人との摩擦の多くはこの患者対応のところに起因しているのは明らかである。もちろんこれは、日本が悪く海外に合わせる、ということを必ずしも意味しているわけではない。しかしながらそうは言っても、サービスという視点で考えていくときに、患者価値を追求する姿勢が日本の病院に弱かったこともまた事実である。

(2) 遅れをとるICTの活用

もう一つはICTの普及である。海外は医療に対するアクセスが悪い国が多い。特に、アジアにおいてはイギリスやスウェーデンのような先進国で、制度的にアクセスが悪い例とは異なり、そもそも病院の数が足りない医師の数が足りないと言った供給不足からのアクセス不全が起きている。

写真に示すように、中国ではかつての日本以上に、早朝から大病院への患者待ちができる、そこを改善するためにICTを使おうという動きが、中国を含め海外では盛んである。逆に患者側も自分の身は自分で守らなければならないという意識のもとで、個人で医療情報を管理したりしている場合が多い。スマートフォンなどにそういったデータを格納していることが多いのである。

こういった動きが早いために、諸外国特にアジアにおいては医療データの互換が進んでいる。日本においても地域医療情報連携などで医療データの共有化は進んできているが、固定電話以上にスマートフォンや携帯電話の普及が早い、キャッシュレス化が早いといったことで代表されるようなアジア諸国に比べ

ればこの分野の ICT 化が遅れつつあるのも事実である。

 そういった視点で考えれば、外国人患者が日本の病院に来院したとき、日本の診療所や病院に対して ICT 化が遅れていると感じるケースも多いであろう。そこで、外国人患者が自国で受けられている ICT 化に基づいたサービスと同様なものを受けたいと主張する可能性はある。

通勤ラッシュのような中国の病院での患者待ち

4 日本として気をつけなければならないこと

　筆者は面白い経験をしたことがある。

　一つはUAEのドバイでの経験である。ドバイの場合には、医師や看護師などの医療職が外国人であるために、公用語が英語になっている。逆に国民が英語を話せない場合に通訳を付けて病院を受診する、という他の国と全く逆のことがあったりする。

　また英語を公用語としながらも多民族国家であるアメリカやカナダにおいては、そもそも外国人受診という考え方が少ない。スタッフの中に当然のようにその言語を話すことができる人間もおり、日本人のように滅多に診察しない外国人の場合は別だが、大半の外国人については自国民と同様な対応がなされている。もちろん診療費用なども、日本人であっても、通訳などの特別待遇を受けなければ同じ扱いになる。

　このような状況は少し特殊とも言えるが、述べてきたように年々人の移動や交流は盛んになっている。そして、人口が減少し消費も落ちている日本では、例えば百貨店等に見られるように、外国人観光客等の消費をあてにせざるを得ない。インバウンドの観光客を呼び込めない場合に百貨店も店を閉じてしまう時代になっている。もちろんカナダやアメリカの例は、極端なのでいきなりそのような状況にはならない。

　しかしながら、医療者も国民皆保険とは違う考え方をもつことも重要であるし、そもそも、この地球上では多民族あるいは多文化がお互いを認め合って生活している、という当たり前の

ことを再確認しなければならない。例えば本文中でも何度も触れられている宗教や食事への対応もその一つである。第3章で述べられたように日本の文明はこれからかもしれない。

　また、一方では、入院した外国人がホームシックにかからないように対応をする。例えば自国のテレビやCNNなどの国際的な番組を見ることができるような環境を作ったりすることも重要である。こうしたことは単に病院の中のことに止まらない。

　外国人患者を受入れることは、多面的な対応あるいは新しい視点が入ることで医療の質が上昇することにもつながるが、それ以外にもグローバル時代に対応できる人間に、その医療職が変化していくことも重要なことなのである。

第 5 章

事例に見る
JMIP 認証病院の取り組み

東京都立広尾病院

1 はじめに

　東京都立広尾病院は東京都が所管する8つの都立病院の1つで、住所は東京都渋谷区恵比寿、立地としては渋谷区と港区の区境近くに位置する。患者規模としては病床422床、外来1日850人（2018年度予算規模）の高度急性期・急性期病院である。

　広尾病院の特色は、救急医療、災害医療、島しょ医療である。東京ER・広尾として24時間365日、初期救急から3次救急まで様々な症状に対応するほか、24時間屋上ヘリポートを運用し、島しょからの重篤患者のヘリコプター搬送受入れ体制をとっている。また、23区内唯一の基幹災害拠点病院として、院内の減災対策にとどまらず、東京都内の様々な病院における減災対策を支援している。

2 国際化の歩み

　外国人患者受入れに係る具体的な取り組みを紹介する前に、まずは当院の置かれた環境や国際化に向けての長期的な歩みを紹介する。

（1）当院で受入れる外国人患者の特性

　病院全体でみると、2017年度の1日あたりの患者数は、外来が初診104.5人・延べ683.3人、入院が新入院29.0人・延べ329.4人であった。

このうち外国人の患者数は、外来が初診5.1人・延べ16.5人、入院が新入院0.6人・延べ4.0人と、初診外来に至っては全体の約5%を外国人が占める。2018年度に入ってからも外来・入院ともに外国人患者数は堅調に増加し続け、患者国籍も100か国以上にのぼる。

　東京オリンピックまで2年をきった今、一般には訪日外国人の増加に注目することが多いが、当院においては、外国人患者のうちビジネス・観光による訪日外国人の患者はわずか1割にとどまり、日本在住の外国人が9割を占める。

　後述するように当院では英語および中国語の通訳を配置しているが、広尾病院で受入れている外国人患者の8割以上が、英語、中国語、日本語のいずれかを対応言語としている。

(2) 国際化対応の歩み

　当院で外国人患者の割合が比較的高いのは、周辺に多くの大使館が立地し、また観光客の集う渋谷や六本木が近い、ということが原因の1つとして考えられる。

　こうした地理的な特性ゆえ、当院では従来から恒常的に一定数の外国人患者を受入れてきたが、常勤の外国人向け医療コーディネーターと非常勤の通訳の配置を開始したことで、それまで以上の外国人患者受入れが可能となった。

　通訳を導入した2015年度には厚生労働省の「医療機関における外国人患者受入れ環境整備事業」における「医療通訳拠点病院」（現在の「外国人患者受入れ拠点病院」）に初めて選定され、加えて、同年度に始まった日本政府観光局（JNTO）ウェブサイト掲載の「外国人旅行者受入れ可能な医療機関リスト」にも選定されている。

そして通訳以外の面でも少しずつ外国人患者受入れ体制を整え、2016年度にJMIPを受審、2017年3月15日付で認証を取得するに至った。

3　広尾病院の取り組み

以下、JMIP認証取得後の当院の外国人患者受入れに係る取り組みを紹介する。

(1) 対応マニュアルの共有・周知

文化、宗教、話し方など、通訳が必要な場合の手順（対応フロー）、通訳を依頼する際の留意点、禁忌やアレルギーなどの入院時の食事対応などについて「外国人対応マニュアル」としてまとめ、院内の各部署に設置、全職員への周知を図っている。

外国人患者に対応した際に、対応記録を取る旨もこのマニュアルに記されており、この対応記録の結果は後述する院内会議での材料として活用している。

院内に通訳を配置はしているが、彼らに外国人患者対応を任せきりにするのではなく、一定程度の共通知識・認識を病院職員全体でもつことによって、外国語医療に対する意識の醸成につながっている。

(2) 外国語対応

①通訳の配置

常勤の外国人向け医療コーディネーターを1名、非常勤の通訳を、英語・中国語それぞれ2名ずつ配置している。

通訳の介入場面は、総合受付、診察から検査、栄養指導、入院生活、会計に至るまで様々である。

②映像通訳サービスの導入

通訳が不在であったり他の対応に出ていることもあったりするため、8か国語対応の映像通訳サービスを利用している。

昨今、次々と新しい通訳・翻訳のサービス・ツールが利用できるようになっている。院内でこういったサービスの需要がどのくらいあるのか、どういった使い勝手のものが現場で求められているのか等を意見集約するため、当院では当該サービスを利用する都度、利用した職員が利用実績を記録している。

③診療ガイドの設置

12か国語で書かれている市販の外国人患者用の診療ガイドを一般外来や救急外来に置いており、必要の都度活用している。

(3) 院内職員の教育

①語学研修の実施

都立病院を所管する病院経営本部では、都立病院職員の語学力向上を目的として、2014年度より語学研修を実施している。この研修では、ネイティブスピーカーを講師に招いて、様々な職種の職員が実践的な英会話を学ぶ。

当院では毎年40名程度の職員が受講しており、研修を通じて学んだ英会話力や外国人患者への対応方法を、自らの職務に還元している。

②勉強会の実施

当院では語学力のみならず、異文化理解にも取り組んでいる。医療コーディネーターや通訳が講師となって、日本と外国の医

療文化の違いや、外国人患者に対応する際に注意しておきたい点―例えば、日本では診察後に会計を行うがそれは万国共通ではないこと、入院患者には家族や介護者が常に付き添い身の回りの世話をするのがスタンダードとなっている文化もあること―などを盛り込んだ内容で、勉強会を定期的に設けている。これは、院内職員に外国人患者受入れへの理解を深めてもらう良い機会となっている。

(4) 院内表示の外国語表記

施設面では、JMIP受審を機に、主な院内案内図や掲示物、各種設備の表示を日英併記とした。

当院の外国人患者の構成を鑑みて、中国語の表記も順次整備している。

(5) 外国人患者向けの広報

外国語版のホームページは従来英語のみであったが、2017年度に中国語版を新設したほか、併せて英語版についても、通訳サービスの案内などのコンテンツを増やした。

今後も引き続き、外国人患者が必要とする情報を整理し、内容を充実させていく予定である。

加えて現在では、病院の概要や通訳サービスの案内を主たる内容とした外国人患者向けの病院案内リーフレットを、英語および中国語で作成して院内に設置している。

4 課題と取り組み

JMIP認証を取得した今、外国人患者対応に対する意識は院

内全体でみても比較的高いが、依然解決すべき課題は山積している。最後に、当院での課題への取り組み方法や、現在当院が抱える主な課題の一例について簡単に紹介する。

(1) 課題の検討

外国人患者を受入れている中で、当然様々なレベルの課題が日々起きている。これらに適切に対応するため、当院では医療コーディネーター・通訳を中心とした会議体を設けている。

会議では、様々な視点からみた患者集計データや、医療コーディネーター・通訳が外国人対応の都度付けている対応記録などをもとに、外国人患者の来院状況や通訳対応事例について情報を共有している。

これにより、現在何が課題となっているのかだけではなく、今後課題となりうるリスクについても、関係者間で共通認識をもつことができるようになっている。

(2) 希少言語への対応について

現在当院の直面している大きな課題の一つが、英語・中国語以外の言語への対応である。

当院で通訳対応しているのは前述の通り、医療コーディネーター1名と通訳4名の計5名、対応言語も英語と中国語のみだが、毎月100人以上に及ぶ国の外国人が来院される中、英語・中国語以外の言語、特に希少言語への対応需要が高まってきている。

患者統計をもとに当院で必要となっている言語を見極めつつ、様々ある通訳・翻訳のサービス・ツールを比較し、解決策を模索しているところである。

5 おわりに

外国人患者数の多寡にかかわらず言えるのは、少なくとも当院のような中規模の病院に関しては、外国人患者の受入れに対して、院内のある特定の部署だけではなく病院全体、場合によっては関係機関をも巻き込み協力を得ながら対応していくことが必要、という点であろう。

東京オリンピックやJMIP認証取得で外国人患者対応は終わりではない。開催後も外国人が増加し外国人医療の需要も上がり続けていくことが予想されるなか、長期的な観点から地域全体で受入れ体制を検討していくことが必要であろう。

当院では今年度、東京都の「地域の実情に応じた外国人患者受入れ環境整備事業」のモデル事業を受託している。当該事業の実施を通じて、地域の医療機関等と、宿泊施設や観光施設等外国人が体調を崩した際の相談先となることが想定される施設との連携を強化し、外国人患者が症状に応じて安心して医療機

東京都立広尾病院

関を受診できる環境づくりに貢献していきたい。

※当院では、国籍、母国語、対応言語の電子カルテ登録を 2016 年度から開始している。ここでいう「外国人」とは、国籍、母国語、対応言語のいずれかが日本（語）でない人を指す。
※通訳サービスの情報は、2019 年 3 月現在。

事例2 医療法人偕行会 名古屋共立病院

1 インバウンドの可能性

2013年6月14日に閣議決定された「日本再興戦略」において、医療の国際化への取り組みの重要性が明確に謳われている。経済産業省は、医療の国際化に向けた積極的な取り組みを推奨しており、外国人患者の受入れ(インバウンド)事業と、日本の医療機関や医療機器メーカー等による海外展開(アウトバウンド)事業を実施している。

日本が強みとするCT、MRI、PETを用いる画像診断、内視鏡による診断・治療、心疾患や脳血管治療等の医療分野に加え、丁寧かつきめ細かい対応やホスピタリティを組み合わせることにより、国内外の外国人患者に満足度の高い日本の医療を提供することは国際貢献にもつながるものと考えられる。なかでもインバウンド事業においては、国外からの患者を受入れることによって、国内での発症数が少ない症例に対する診療経験を積むことができ、症例数そのものの増加に伴う医療技術の蓄積や向上が期待できる。また、高度な医療技術の提供に対して適切な対価を取得することで、医療機関は保険診療以外でも収入を得ることができ、ひいては資本の蓄積も可能となる。その結果として、医療機関では施設設備やサービスのさらなる充実が図られ、国内の患者に提供される医療サービスの質の向上にも寄与すると考えられる。

偕行会名古屋共立病院は以前より海外戦略のもと、2013年8

月に国際厚生事業団（JICWELS：EPA受入れ事業）と外国人看護師・介護福祉士候補者受入れを開始。2014年6月にインドネシアのジャカルタにKAIKOUKAI　CLINIC　SENAYANを開設。2015年2月にJMIPを認証。2016年3月観光庁より「訪日外国人旅行者受入可能な医療機関」に選定されている（全国：320病院、愛知県：2病院）。

2　病床稼働率を上げるための医療ツーリズム（インバウンド）

　近年、日本の医療は人口の減少やDPC（医療政策）により平均在院日数が短縮され、病床稼働率の低下に悩まされている。病院収入は外来収入より入院収入のほうが大きいため、病床稼働率が低下することにより経営に直接的な影響を与えることになる。救急外来受入れの充実等も入院患者の獲得を進める1つの手段となっており、数年前に巷間騒がせた患者のたらい回し等の報道も最近はあまり聞かれなくなった。どこの病院も入院患者獲得のために緊急患者の受入れに努力しているのだろう。繰り返すが、背景には診療群分類包括評価（DPC）の導入による在院日数短縮が起こり、病床の空床化が増加傾向にあり、一方で診療報酬改定による看護必要度の見直しが重症患者の積極的な受入れにつながっていると考えられる。急性期病院として運営する病院は、病床数に関係なく同じ悩みを抱えている。400床以上の大病院であっても同じであるため、中小規模の病院はその競争に勝つことができない。

　当院のような200床未満の小規模病院では、救急患者数が減っている現状である。その状況のなか、当院では経営の安定化の1つとして医療ツーリズム（インバウンド）を進めてきた。

空いた病床の有効利用と海外では真似できない良心的（おもてなし）な医療・介護の提供である。

大きな取り組みとして、

①施設基準としてJMIPの習得。（2015年2月JMIPを認証）
②外国人専用フロアの整備。（外来診察室の整備）
③国際医療部の設立。（広報、通訳、受診予約等のコーディネート）
④外国人看護職の採用。（中国人2名：看護師、インドネシア人1名：準看護師）

これらの体制を整えた。

当院がJMIP認証を受け、病院内の外国語表示（英語、中国語、韓国語）の対応などにより在日の外国国籍をもつ患者の受診が増加している。2016年度1,106名、2017年度1,273名と増加しており、外来、入院患者増となっている現状である。在日の外国人を含めると毎月100〜150名ほどの患者受診があり、昨年度の実績では約30か国の国籍患者の受診があり、上位は韓国、中国、フィリピンとなっている。

患者数を図表5-2-1に、国籍を図表5-2-2に示す。

純粋な診察、治療目的（インバウンド）での来日は、偕行会グループの現状としては昨年度、名古屋共立病院で60名、名古屋放射線診断財団（検診施設）で69名、その他施設（回復期病院、慢性期病院）で26名となっており、毎月10名程度の受診がある（図表5-2-3）。

来日内容は検診をはじめ、心臓カテーテル検査・治療、内視鏡検査・治療、糖尿病教育入院、リハビリテーション入院と多岐にわたっている。受診患者は中国からが中心であり、インドネシア、フィリピンからの来日もある。

図表 5-2-1　名古屋共立病院受診患者数（外国国籍）

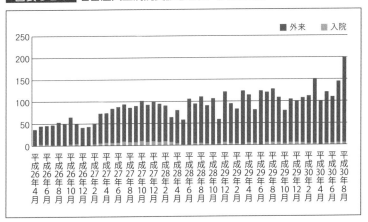

図表 5-2-2　2017 年度国籍別患者数（総数：30 か国）

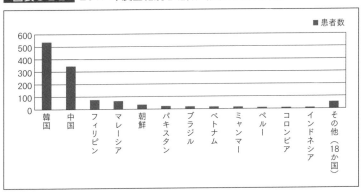

　もちろん外国人は保険外のため、患者は実費負担となり高額となるが、それでも日本で治療を受けたい（日本の医療評価は高い）患者が増えてきている現状だ。

図表 5-2-3 偕行会グループ外国人患者数・受診内容（インバウンド）

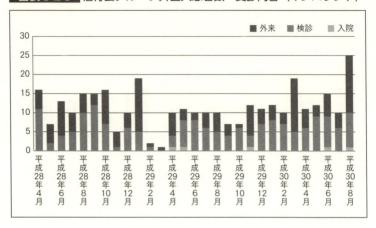

3 医療ツーリズム（インバウンド）のための体制づくり

　外国人を受入れる病院としてはコミュニケーションが重要である。言葉の壁による理解不足がしばしば問題になる。当院でもその点においてパンフレット、説明書、同意書等の外国語変換、通訳者の配置に苦慮した。職員にも英会話教室を開催しコミュニケーション力を高めてきた。また、生活習慣、宗教の違いから起こるトラブル対応に苦慮している現状である。そのような問題も当グループでは国際医療部を新設し、組織的に運営することにより現場スタッフである医師をはじめとするコメディカル（看護師、技師、事務員）に不安を与えず、診断、治療に専念できる体制が構築できたのは大きかった。

　偕行会グループの各施設にある国際医療部は外部会社との業務連携にて患者の主治医調整、外来・入院調整、通訳など来日以前より定期会議を行いスムーズな診療・治療を援助している。

外部会社(KAIKOUKAI MEDICAL ASSIST：KMA)との業務委託内容を下記の内容を示す。

・営業活動
・受入れ調整
・医療滞在 VISA 申請
・受診日調整
・日本滞在中の支援（医療通訳、書類翻訳、24 時間緊急対応、受診同行、入院対応）
・帰国後フォロー

今後の日本情勢を考えると人口減、高齢化、医療費増加、赤字国債など医療業界では増収はますます厳しくなるであろう。

当院のような中小規模の病院においては病床稼働率の低下、外来患者数の減少は経営に直結するため医療ツーリズムを推進し保険外収入の獲得を検討していかなければ経営の安定は難しくなると考えている。偕行会グループとしても検診事業、医療事業、介護事業と総合的な医療を展開するにあたり経営安定の

医療法人偕行会 名古屋共立病院

ための外国人受入れ(医療ツーリズム:インバウンド)が必要であることと、日本の人口減少による労働者不足が明白であり外国人労働者の雇用拡大は必須である。医療法人としての国際化、グローバル戦略を進めていかなければならない。

医療法人沖縄徳洲会
南部徳洲会病院

1 JMIPについて

　南部徳洲会病院は、2015年12月に沖縄県で初めてJCI（Joint Commission International　以下：JCI）認証を取得した。JCI認証を取得して以降、海外からの問い合わせが急増、その対応の必要性から2016年1月に国際医療支援室を設立して、本格的な多言語対応を開始した。JCI認証取得後、実に3週間後の設立であった。

　その背景として沖縄県への外国人観光客の増加も要因の1つで、沖縄を訪れた外国人観光客が2013年55万人、2014年89万人、2015年150万人、2016年208万人と急増しており、外国人観光客への救急医療対応は、沖縄県内医療機関の現実的な課題になっていた。

　沖縄県では400万人の外国人観光客の受入れを目標としており、今後も増加傾向が継続すれば数年以内に目標は達成できるであろう。いずれ確実に迫りくる問題、いわゆる外国人救急受入れ、多言語対応、多種多様な宗教・文化・習慣への対応、海外保険と未収金対応、さらには医療ツーリズムなどに適切に対応していけるか。このような状況から早期に国際医療支援室を立ち上げる必要性を強く感じていたのである。

　しかしながら、国際医療支援室を設立しても何をどのように準備して、どのようなものが必要なのか、わからない状況にあった。そこでJMIPの審査を受けることにより、外国人患者

受入れに関して、何を準備して、何が必要であるかを把握でき、国内における外国人患者受入れ医療機関の必要基準を達成できると考え、国際医療支援室設立の翌月2月に審査の申し込みを行った。当院はJMIPという認証をブランドとしてではなく、必要基準を準備して達成するためのツールとして、または教科書として活用したケースである。

　審査月は2016年6月。準備期間は4か月間の緊急発進となったが、一般財団法人日本医療教育財団のJMIP研修テキストをしっかり確認することで、優先順位をつけて必要な委員会や書類、同意書を準備して、短期間で体制を構築することができた。さらには急ピッチな環境の変化に職員がしっかりと対応してくれたため、院長を中心に職員が一丸となって乗り切ることができたと考える。JMIP受審で大切なことは、多言語対応マニュアルや掲示物、文書類も、もちろん重要であるが、何よりも外国人患者に日本の安心安全で高度な医療を日本人同様に提供したいと思う職員一人ひとりの熱意が重要である。

　言語が通じないために適切な医療が受けられないことは、非常に残念なことである。海外に目を向ければ、日本の高品質な医療を希望する患者は大勢いる。その患者をしっかりと受入れるために、その患者の文化や宗教、習慣などを理解して、日本人と同等の接遇と態度で受入れることが最も重要であろう。

2　外国人患者受入れ実績

　当院の外国人患者受入れ実績として、2016年度1年間での外国人延べ患者数はわずか334名であったが、2017年度は721名と倍増した。内訳として治療や健診目的の訪日外国人患者がおよそ23％で、在日外国人患者はおよそ77％。収益も前年度

対比154％アップした。国籍内訳はアメリカが30％と最も多く、中国22％、ネパール8％、韓国6％、その他として台湾、ベトナム、ミャンマー、インド、インドネシア、スリランカ、モンゴル、シンガポールなど多種多様な国籍の患者が来院されているのも、当院の特徴の1つである。

対応した言語は英語が56％、中国語20％、韓国語3％となる。在日外国人は在沖米国軍の関係者、または中国華僑、台湾華僑の方々、ネパールからの農業、漁業就労研修の方々が多く占めている。なかには20年近く沖縄県に住みながら日本語ができないために病院へ行けなかった方もいて、改めて多言語対応の必要性を感じる事案もあった。

特に受入れの多い診療科として、やはり救急診療科、健診科となる。ただ最近はがん治療を希望する外科、消化器外科や泌尿器科、糖尿病や喘息、COPDなどの治療で内科、呼吸器内科などを受診する患者も増加傾向にある。

3　外国人患者受入れの問題点

外国人患者を受入れていくことで問題もある。

診療においては、やはり言語の違いは大きな問題である。当院は常勤の通訳者を配置するとともに、テレビ通訳、電話通訳、通訳用タブレットなども配置しているが、どの通訳機器でも対応できない希少言語しか話せない患者には、ジェスチャーやイラスト、写真などを使用して何とかコミュニケーションを取っている。ただ最近の通訳機器は非常に高性能になり、ほとんどの言語に対応しているため、受入れ側としてとても助かっている。

また、宗教や文化、習慣の違いも職員は理解して対応してい

かなければならない。言語の通じない他国での入院生活は、想像以上に不安や戸惑いがあるだろう。外国人患者の宗教や文化、習慣に配慮して、可能な限りその希望に近づける努力が必要となる。これは食事への対応にも通じていて、宗教上、口にすることのできない食品や時期があり、その内容も宗教や文化により千差万別である。そのすべてに対応することは非常に困難であるが、外国人患者とコミュニケーションをとり、可能な限りその希望に近づける努力が重要になっている。

病院経営における最大の問題点は、未収金対応であろう。渡航されて日本で治療を受ける外国人患者の多くは自費での支払いになり、当然、高額になる。旅行中に体調を崩し、または怪我をされて来院される方でも旅行保険に加入しておらず、支払いが困難になるケースもある。病院の使命をもって治療や看護を実施しても、その請求の一部、または全額が支払いできない事例は、病院の経営や職員のモチベーションにも大きく影響する。

当院では人間ドックや予定入院の場合は、事前に予定金額を連絡して、基本的に人間ドック開始前や予定入院前に入金していただき、差額が発生した場合は返金、または追加徴収を行っている。

救急での受診の場合、必要な緊急処置を行った後、医師、看護師らに確認をして、医事課の請求担当者と現時点での請求額と、今後予想される処置やケアでの大まかな概算を説明している。支払金額を心配されている患者やご家族には、その説明回数を増やして対応し、支払いに関する話し合いを行い、患者が必要な医療行為を理解して、支払いについても納得してもらうように心掛けている。状況によっては、患者が加入している出

身国の保険担当者と直接電話交渉を行ったり、日本国内の出身国の大使館、領事館にサポートをお願いした事例もある。

これらの対応を継続して実施できているからか、当院において訪日外国人患者の未収金はしっかりと抑制できている。

4 今後の展望について

沖縄県は、外国人観光客から人気のある観光地の一つである。多くの外国人観光客の方々が来沖しているが、沖縄県内の企業や医療機関の多言語対応はまだまだ不十分で今後の大きな課題といえる。沖縄県において外国人観光客の急病時にしっかり対応できる医療機関の存在は、観光産業において大きなメリットとなるであろう。沖縄観光の魅力と、当院だけではなく、様々な県内医療機関がタイアップすることで、沖縄県の新しい観光産業が誕生することができると考える。

JMIP取得の目的は、国際医療支援室の体制強化、院内外国人患者受入れ体制の充実という目的もあるが、沖縄県の観光産

医療法人沖縄徳洲会 南部徳洲会病院

業に貢献したいという目標もある。南部徳洲会病院と県内の医療機関が協力して外国人患者受入れを推進することができれば、沖縄観光の魅力とプラスして医療ツーリズム対応地域として整備できるのではと考えている。

　JMIPの審査を受けることで、外国人患者に対応するノウハウを学ぶことができ、職員一人ひとりのレベルアップ、ひいては病院全体の外国人患者に対する安全や医療の質の向上につながった。これからも地域、国内、海外からより信頼され社会に貢献できる病院になれるよう、努力し続ける。

参考資料：沖縄県入域観光客統計概要

岡山大学病院

1　岡山大学病院の紹介

　岡山大学病院は、岡山大学の附属大学病院である。明治3（1870）年の岡山藩医学館創立に起源を有し、2020年には150周年を迎える。岡山市の中心部にあり、岡山駅からバスで約10分とアクセスが良い。病床数は855床で歯科も併設し岡山県の地域医療の中心的役割を果たしている。

　がんゲノム医療中核拠点病院、橋渡し研究戦略的推進プログラム拠点、臨床研究中核病院の認定を受けており、バイオバンクも所有する。がん医療、移植医療、ロボット手術、小児心臓手術に強みをもつ。

2　岡山大学病院の国際化の取り組み

　近年日本の病院では、外国人の訪日旅行者・外国人労働者・医療ツーリズムの増加に伴い外国人患者への対応の整備が求められている。政府も日本の成長戦略の中核の1つとして、医療産業の国際化を掲げている。国立大学附属病院長会議は、これまでの取り組みと現状の課題を整理し、新たな提言に基づく国立大学附属病院の「グランドデザイン2016」を作成した。このなかに国際化も含まれている。2020年の東京オリンピック・パラリンピックも控え、今後外国人患者数のさらなる増加が予想されている。

　この流れのなかで岡山大学病院は、国際化に積極的に取り組

んできた。JMIPを受審し、2017年5月22日付けで認定された。国立大学附属病院では大阪大学、九州大学に続いて全国で3番目、中国・四国地方では初の認証である。国際診療支援センターを設置しており、センター長（診療〈医科〉担当副病院長）のもと、副センター長1名、医師1名、歯科医師2名、教育職員1名、事務職員1名で各診療科と連携して外国人患者の対応等に努めている。

これは国立大学病院のアンケート（2018年10月）では、43病院中13病院（30%）しか国際医療部門を置いていない現状を踏まえると、岡山大学病院の国際化への積極性がうかがわれる。

具体的には国際診療支援センターでは、下記の業務を行っている。

- 海外からの受診希望者のコーディネート（コーディネート会社との窓口を含む）
- 言語的にサポートが必要な患者の対応
    - ▶受付、受診手続きのサポート
    - ▶院内の案内
    - ▶医療通訳者の手配（事前予約制）
    - ▶会計、処方せん受け取りのサポート
- 院外からの外国人患者の問い合わせ対応
- 文書翻訳
- 外国人患者の受入れに関する会議の運営
- 外国人患者の受入れに関する院内での教育・研修

3　岡山大学病院の外国人患者受け入れの現状

2017年度の外国人患者総数は外来（初診）57人、新入院13

人であった。このうち日本居住者は外来（初診）40人（70%）、新入院9人（69%）であり外来・入院ともに約7割は日本居住者である（**図表5-4-1**）。外来（再診）319人も含め上記を出身国別に見ると、中国が最多でブラジル、ベトナムと続く（図

図表5-4-1 2017年度岡山大学病院の日本居住者・訪日者別外国人患者数（人）

	平成29年度	4月度			5月度			6月度			7月度			8月度			9月度		
		外来（初診）	新入院	健診	外来（初診）	新入院	健診	外来（初診）	新入院	健診	外来（初診）	新入院	健診	外来（初診）	新入院	健診	外来（初診）	新入院	健診
1	日本居住者	1	0	0	3	3	0	4	1	0	3	0	0	2	0	0	4	0	0
2	治療目的による来日	2	1	0	0	0	0	0	1	0	1	1	0	0	0	0	0	0	0
3	健診目的による訪日	0	0	0	0	0	0	0	0	0	0	0	0	0	0	0	0	0	0
4	観光・ビジネス等の目的による訪日（短期）	0	0	0	0	0	0	0	0	0	1	0	0	0	0	0	0	0	0
5	その他	0	0	0	0	0	0	0	0	0	0	0	0	0	0	0	0	0	0
	合計	3	1	0	3	3	0	5	2	0	5	1	0	2	0	0	4	0	0

10月度			11月度			12月度			1月度			2月度			3月度			年度計		
外来（初診）	新入院	健診	外来（初診）	新入院	健診	外来（初診）	新入院	健診	外来（初診）	新入院	健診	外来（初診）	新入院	健診	外来（初診）	新入院	健診	外来（初診）	新入院	健診
3	1	0	4	1	0	5	1	0	3	1	0	3	1	0	5	0	0	40	9	0
0	0	0	0	0	0	1	0	0	0	0	0	0	0	0	0	0	0	5	3	0
0	0	0	0	0	0	0	0	0	0	0	0	0	0	0	0	0	0	0	0	0
3	0	0	2	1	0	2	0	0	0	0	0	0	0	0	3	0	0	12	1	0
0	0	0	0	0	0	0	0	0	0	0	0	0	0	0	0	0	0	0	0	0
6	1	0	6	2	0	8	1	0	4	1	0	3	1	0	9	0	0	57	13	0

表 5-4-2)。これらの患者で日本語が話せない場合、もしくは通訳がつかない場合、タブレットなどにインストールされた医療通訳ソフトを用いている。

4　外国人診療の問題点

厚生労働省が行った"医療機関における外国人旅行者及び在留外国人受入れ体制等の実態調査[*1]"の結果をみると外国人診療の問題点として主に以下の3つが挙げられている。

①言語の問題
②支払いの問題
③訴訟のリスク

岡山大学病院では事務および看護部が外国人診療の対応について報告し、毎月まとめを行っている。これによると岡山大学病院の問題は、「①言語の問題」がほとんどである。言語につ

図表 5-4-2　2017年度岡山大学病院の外国人患者の出身国リスト

国	患者数（人）	％
中国	91	23
ブラジル	58	15
ベトナム	34	9
ミャンマー	25	6
アメリカ	18	5
エジプト	18	5
インドネシア	17	4
フィリピン	17	4
イギリス	12	3
バングラデシュ	12	3
他	87	22
計	389	100

いては英語以外の言語が問題である。英語を話せるドクターは多いので診療は何とかなる。しかし英語以外の言語が流暢に話せるドクターは極めて少ない。通訳・タブレットの充実が必要と思われるが、通訳・タブレットが充実しても対応に要する時間や労力は残る。今後も問題点の第一として挙がるのは、「①言語の問題」であることに変わりはないだろう。

「②支払いの問題」は、2017年度のデータでは外国人患者における未収金発生件数は10/471件（2.1%）であった。全体の未収金発生件数4,115/694,045件（0.6%）と比較すると外国人患者における未収金発生件数は3.5倍と頻度が高い。今後外国人患者の増加が見込まれることから対策が必要である。

「③訴訟の問題」については、今まで訴訟となった例はない。

5　今後の展望について

今後外国人患者はますます増加するであろう。よって前述の①、②、③の問題はますます大きくなる。それぞれの問題点についての展望を述べる。

①言語の問題

英語以外の言語の対応を増やす。具体的にはまず中国語の説明書・同意書を優先的に増やしていく。また通訳の充実を図る。通訳がつかない場合に備えタブレットでの対応も増やす。通訳・タブレットが充実しても対応に要する時間や労力は残るが、数が増えれば職員の経験値も上がってくることが期待される。

②支払いの問題

支払い能力のない患者・保険のない患者については国レベル

の対応が必要となる。例えば入国時、すべての外国人から少額の一時的な保険料をとり、外国人患者の医療保険のストックにするなどはどうか。多くのスキー場で傷害に備えたスキー・スノーボード専用の保険への加入を必須としているのと同様である。2017年の訪日外国人数は前年比19.3%増の2,869万1千人である。入国時に一人100円の保険料をとれば年間28億円の財源となる。最近カナダ国籍を得るためにカナダに出産に訪れた外国人女性のベビーの医療費が、多額となり支払われなかった事例があった。その医療費は利子（外国は延滞金に利子が付く。日本も導入を検討すべきであろう）も含め1億円を超え、訴訟となっている[*2]。しかし患者はおそらく海外におり訴訟自体が困難であろう。このような事例へのセーフティーネットが必要である。

　保険に加入している患者も問題がないとは言えない。最近"海を渡って日本に治療を受けに来る「タダ乗り患者」"が問題となっている[*3]。ビザを使って訪日する外国人が日本の公的

岡山大学病院

保険制度を使い、日本人と同じ「3割負担」で高額治療を受けるケースが続出している。日本の素晴らしい国民皆保険を維持するためにも、この問題は国レベルで早急に対処すべきである。

　また自費診療の設定も課題がある。医療費の請求を保険点数に10（日本での請求額と同じとなる）から30（日本の請求額の3倍となる）をかけた額を請求する病院が多い。岡山大学病院では30をかけている。しかしこれでも外国で同様の医療を受けた場合のコストより安価となる。私の中国人の友人は、日本で整形外科の手術を受け、日本の保険点数×30の金額を全額自費で支払った。しかし中国で同様の手術を受けた場合の自己支払い額よりずっと安く、日本のほうが医療のクオリティーは高い、と驚いていた。日本の保険点数は異常に低く設定されており、また日本で税金を払っているということを前提に設定されている。日本で今まで税金を納めていない外国人患者の医療費の設定はもっと高く設定されるべきであろう。

　日本の医療制度は世界最高である。この医療制度を維持するためにも日本はサービスに見合った医療費を請求し、医療の質を落とさないことが今後日本への医療ツーリズムを長期的に増加させ、成長産業に発展すると考えられる。

③訴訟のリスク
　今のところ岡山大学病院は外国人患者で訴訟となった事例はない。日本でも医療訴訟をめぐる環境は悪化しているが、他国ではもっと過激であることにも注意が必要である。特に中国では医療者と患者の関係性が日本以上に悪化している。日本の医療を見学した中国人医師は、日本の医療者と患者の関係性の良好さに驚く。中国では治療がうまくいかず不幸な転機をたどっ

た場合、そのご遺体を家族が病院から引き取らないという事案が多発している。日本でも同様のケースの報告がすでにある。そういった事案が起きた場合の法改正も必要である。

＊1　https://www.mhlw.go.jp/file/06-Seisakujouhou-10800000-Iseikyoku/0000173227.pdf
＊2　https://www.scmp.com/news/world/united-states-canada/article/2150497/canadian-hospital-sues-mother-million-dollar-baby?fbclid=IwAR32IdJ5wUI0kTIqNS2IYaUytr0e9qYP6mqatXAwRh9mC9s_lChouveJg-w
＊3　https://gendai.ismedia.jp/articles/-/55674

第5章 事例に見るJMIP認証病院の取り組み

医療法人真生会 真生会富山病院

1 国際化のはじまり──中国と医療交流スタート

　海外からの患者受入れが始まったのは約5年前のこと。富山市在住の中国人女性経営者が、両親の眼の治療を当院に求めたのがきっかけである。別の中国人女性は、夫が中国で受診して1か月後に手術と説明されたが、見えにくくなる一方とのことで受診した。網膜剥離という緊急に治療を要する疾患が見つかり、すぐに手術をして視力を回復した。これらの経験から中国の医療事情に関心を強めた。

　一方で、現在、中国の人口は14億人に迫る。多くの人が必要な治療を受けられずにいる。当院アイセンターの舘奈保子センター長は、それらの患者を当院で治療すること、そして現地の中国人医師が多くの患者を救えるよう、技術を伝えることを強く願っていた。手術を無事終えて一旦退院となっても、術後に何か問題が起こった時に協力して治療を行える医療機関がなければ、治療を行うことは難しいので、提携できる中国の医療機関を求めて交流を開始した。連携先を探していたなか、2010年の秋に神戸で開かれた日本臨床眼科学会で出会ったのが、大連医科大学（遼寧省・大連市）の谷照斌（グ・ザオビン）教授だ。その後も交流を深め、2014年、当院の院長を筆頭に、真生会富山病院として初の訪中が実現した。眼科病院を見学し、中国の医療事情や文化の違いを目の当たりにする。この訪中を契機に、中国から患者を迎えて治療を行い、患者が中国へ帰っ

てからもアフターフォローしてもらえる体制づくりに向けて大きく動き出した。

2014年11月、大連医科大学と医療技術交流のために協力関係を結ぶ調印式を行い、富山県と射水市の議会議員、マスコミ関係者も列席した。舘センター長は大連医科大学の客員教授に任命され、毎年数回、大連で手術を行っている（※日本人医師でも中国で医療行為が行えるよう資格を得ている）。

翌年の2015年4月には、瀋陽市第四人民医院（遼寧省・瀋陽市。ちなみに中国では病院のことを医院と呼んでいる）とも友好協定を取り交わした。大きな特色として、今までにこの病院から3人の若手眼科医師が当院を訪れ、半年から1年の研修を行った実績がある。

そして2018年の8月には、瀋陽市にある何氏眼科医院と友好協力関係を結んだ。当院の院長をはじめ計5名のスタッフが現地入りし、調印式を行った。瀋陽市のある遼寧省と富山県は友好交流が30年以上にわたり、緊密な関係にある。その頃、富山県の訪問団も中国を訪れていた。富山県知事をはじめ富山県の関係者に当院の国際活動を報告する機会を得たのである。現在、何氏眼科医院の若手女性医師が真生会で研修中だ。

中国の3病院との連携は、中国人医師や医療従事者との交流につながり、中国の医療事情を知る機会になっている。

外国人受入れには官民一体で取り組むことを強く望む。中国の病院との連携においても、富山県や射水市にも働きかけ、広報活動に力を入れている点が当院の特徴といえる。

2　医療通訳スタッフの存在―――中国語と英語の医療通訳2名が活躍

　真生会の強みは、英語と中国語の医療通訳技能検定試験（一般社団法人日本医療通訳協会）1級のスタッフが2名いることだ。病気や怪我で不安いっぱいの外国人患者は、異国の地で言葉が通じなかったら、さらに不安倍増である。自国の言葉でサポートしてくれる医療通訳の役割は大きい。しかも真生会は2017年10月から、日本医療通訳協会の試験会場に指定され、北陸唯一の会場となっている。

3　来院する外国人患者層

　富山県射水市は、2018年1月1日現在、富山県内の市町村別外国人住民数の割合は県内トップの2.39％を占める（富山県ホームページより）。そのため、市内や近隣の外国人居住者が、JMIP取得以前から数多く訪れていた。今回JMIPを取得したことでますます「外国語対応ができる病院」と認識されるようになり、その対策として5か国語対応の通訳タブレットを導入し、医療通訳スタッフ不在時でも24時間対応が可能である（※2019年2月まで。現在は電話医療通訳を8：30〜24：00で採用）。

　中国から治療を求めて当院に来られる患者は、2016年は13名、2017年には14名と増加傾向にある。眼科治療を中心に、糖尿病や皮膚疾患の患者も増えている。日本では糖尿病患者が1千万人いると言われているが、中国では1億人だという。内視鏡検査・治療のニーズも増加傾向にある。

　当院のスタッフは、中国の瀋陽市出身である。中国語の医療

通訳1級を取得した際、新聞に大きく報道された。その効果は大きく、富山県在住の中国人患者が、掲載記事を紹介した当院のホームページを見て来院するケースも少なくない。患者はまず、同じ中国人同士であることで安心されるという。

4　外国人受入れの課題

(1)「オール富山」体制の構築

　一部のがん治療、脳外科系疾患、心臓外科疾患など、当院で治療が不可能な分野がある。そこで、県内の専門医につなげる体制が構築できないかと考えている。県内医療機関との連携強化の重要性は、JMIP取得後に強く知らされたことの一つである。日本の医療の特徴は、地方でも高水準の医療が誰でも受けられることだ。各県内に、医療機器や設備、その分野のトップレベルの医師が配置されているからである。「オール富山」の体制を構築し、アジアの国々の患者さんを治療したい。

(2) 外国人観光客への対応

　2015年3月に開通した北陸新幹線の影響で、富山市内のホテルに宿泊する外国人比率は年々高まり、50％を超えるホテルもある。ある統計によれば、富山県に観光で来られる外国人の3～4％は、怪我をしたり、病気に罹ったりするという。当院は田んぼに囲まれており、外国人観光客が歩いているところを今まで見たことがない。しかし、上記の傾向から、外国人観光客の増加が予測され、受入れ体制のシステム化も急務である。中国人患者を受入れてきたノウハウを活かすとともに、これまでは受入れ実績の非常に少ない訪日外国人観光客への対応についても、知識や最新動向を情報収集し、国際医療支援チームが

(3) 外国人患者受入れ事業のスタッフへの周知

先に述べたように、射水市に住む外国人割合が高いことから、在住の外国人患者が来院することは当院スタッフにとって日常である。しかしながら、外国人を受入れることの本質的な理解や、診療に不可欠となる患者との信頼関係を構築するために必要な「外国人患者が個々にもつ文化的・制度的背景の違い」を理解するには至っていない。外国人患者受入れ体制整備の意義が浸透しておらず、システムとして機能していない現状も垣間見える。外国人患者にとって安全で安心な医療を病院全体で提供できるよう、すべてのスタッフに周知が必要である。

5　今後の展望

当院の理念である「自利利他の精神」に基づいて、外国人患

医療法人真生会 真生会富山病院

者にも、安心して治療を受けていただき、満足して帰られることが、真生会職員の喜びである。

全国に8,400ある病院のうち、JMIPの認証を受けているのはわずか55病院（2019年2月現在）である。当然ながら、医療関係者でも、JMIPという言葉さえ、知らない方がほとんどではないだろうか。

「JMIPって知ってる？」と聞くと「ああ、結果にコミットするやつね」って、それはライザップ…。痩せることも大事だが、世界最高水準の日本の医療を知ってもらうこと、経験してもらうことは、病院の経営にとっても、日本経済にとっても（かなり大きな話だが）必ず長期的にはプラスになっていく試みである。

観光客もさることながら、医療目的で富山県を訪れる外国人が増えれば、空港の活性化にもなり、地方創生につながっていくのではないか。当院のJMIP取得を県内すべてのホテルに宣伝し、いつ外国人観光客が怪我や病気になっても安心していただけるよう、広報活動にも力を入れるつもりだ。あるホテルのオーナーは、JMIP認証病院が富山県にあることは、観光客に安心感を与え、富山のホテルに観光客を呼び込める、大きなアピールポイントになるだろうと期待している。

どの都道府県に住んでいても、最高水準の医療が受けられる日本人は本当に幸せである。外国に行くとそのことがはっきりわかる。外国人（特にアジアの国々の人達）が経験する日本の医療は、まさに理想であり、あこがれである。日本の「食」も、さまざまな「技術」も、「おもてなしの心」も、もちろん日本人の誇りであるが、「日本の医療」はそれら以上に誇れるものであり、日本人が感謝すべきものである。日本の医療を一人で

も多くの外国人に経験してもらうことはそのまま日本人が日本の医療の素晴らしさを見直す機会にもなっていくだろう。

● 編著者略歴

真野 俊樹（まの・としき）

中央大学大学院戦略経営研究科 教授／多摩大学大学院 特任教授
1987年、名古屋大学医学部卒業。名古屋第一赤十字病院などを経て95年9月、米国コーネル大学研究員。通信教育にて英国レスター大学大学院でMBA取得。2004年、京都大学で博士（経済学）取得。厚生労働省独立行政法人評価有識者会議部会長など多数の公職も務める。

● 編集協力

一般財団法人 日本医療教育財団

医療経営士テキスト 必修シリーズ④
インバウンド時代を迎え撃つ
医療の国際化と外国人患者の受入れ戦略

2019年4月25日 第1版第1刷発行

編 著 者　真野 俊樹
発 行 者　林　諄
発 行 所　株式会社日本医療企画
　　　　　〒101-0033 東京都千代田区神田岩本町4-14 神田平成ビル
　　　　　TEL 03-3256-2861（代表）
印 刷 所　図書印刷株式会社

©Toshiki Mano 2019, Printed and Bound in Japan
ISBN978-4-86439-763-6 C3034（定価は表紙に表示してあります）